Günther Karner | Friedrich Glasl

Gartengespräch über Entwicklungsfragen

Günther Karner | Friedrich Glasl

Gartengespräch über Entwicklungsfragen

Selbstentwicklung, Organisationsentwicklung, globale Entwicklung und Geisteswissenschaft

Freies Geistesleben | Concadora

3. Jahrsiebt (14–21 Jahre)
jetzt habe ich mich im Spiel und freudig leichten Bewegungen erlebt.
aber ist das Wachstum meines physischen Körpers beendet und ich
die „Erdenschwere“ immer mehr. Die ursprünglich „himmlische“
eines Seins ist einer oft zerreißenden Trennung gewichen.
möchte ich am liebsten von dieser Erde gehen. Mein
schwankt zwischen Himmel und Erde. Ich erkenne, wie allein
seiner Person in dieser komplizierten Welt sein kann. Von den
Erwachsenen bin ich enttäuscht. Sie haben ihre Ideale aufgegeben,
sich verraten. Ich suche, habe Sehnsucht, kann abtauchen in Süchte, stre-
be nach Freiheit und Unabhängigkeit. Wofür lohnt es sich zu leben? Mit mei-
nen Freunden möchte ich meine Ideale verwirklichen, kann zornig für Werte
kämpfen.
Die in mir lebenden geheimnisvollen Kräfte der Sexualität wollen oft ande-
res, als mein nach Idealen strebendes Denken und Fühlen.
Kurz vor meinem 19. Geburtstag erlebe ich meinen ersten Mondknoten.
Die Kräfte der Venus begleiten mich.

Inhalt

Vorwort

Ich kann mich nicht mehr an den Moment erinnern, als mir die Idee in den Sinn kam, meinen «väterlichen» Beraterkollegen Friedrich Glasl zu großen Lebensthemen zu befragen. Fest steht nur, dass ich ihm im Dezember 2019 nachfolgend angeführtes E-Mail geschrieben habe:

Lieber Fritz,

2021 wirst du 80 und ich 60 Jahre (jung). ☺

Es ist fast nicht zu glauben, wie die Jahre dahinfliegen. Ich möchte dir und mir gerne ein Geschenk machen. Würde dich im kommenden Jahr zu Ostern oder im Sommer (in meinem Garten) gerne zwei Tage interviewen und das Ergebnis dann veröffentlichen. Ich durfte von dir so viel lernen, habe aber noch so viele Fragen!!!

Würde mit dir gerne ein Gespräch führen über ...
- den Lebenslauf des Menschen und deine Biographie
- die Bedeutung und Zukunft der Anthroposophie
- «Organismus» und «Entwicklung»
- die Entwicklung von Organisationen und die Rolle der Organisationsentwicklung
- die (großen) Konflikte, in denen wir drinnen stehen und die auf uns zukommen
- die Erde, die Natur und das Lesen im großen Buch der Natur
- die Rolle Europas
- alles, was dir ein Herzensanliegen ist ...

Vor vielen Jahren bin ich auf das Büchlein *Durchs Nadelöhr* gestoßen, in dem B. Lievegoed interviewt wurde. Schon damals dachte ich, dass ich so etwas einmal gerne mit dir machen möchte. Es wäre wunderbar, wenn du so ein Gespräch mit mir führen würdest.

Herzlichst Günther

Am Tag danach erhielt ich seine Antwort:

Lieber Günther!

Zu Deinem Angebot: Ich fühle mich geehrt ... und komme gerne für zwei Tage in Deinen Garten für ein längeres Gespräch, das Du dann verwerten kannst. Genaueres können wir noch regeln.

Herzlichen Gruß von Fritz

Im August 2020 war es dann soweit. Fritz und seine Frau Hannelie besuchten mich in meinem «Garten der Lebensphasen» und wir führten das erwünschte Gespräch. Ich habe Fritz viele Fragen gestellt. Es waren Fragen aus zwei Bereichen, die mich schon seit langem beschäftigten.

Das eine Feld war das Thema der *Entwicklung*. Ich wollte den Zugang von Fritz zu diesem Begriff noch besser verstehen lernen. Einerseits steckt der Begriff *Entwicklung* im Namen des Unternehmens, für das Fritz und ich tätig sind: *Trigon Entwicklungsberatung*. Andererseits hatte ich mit meinem mittlerweile verstorbenen Künstlerfreund Johannes Matthiessen immer wieder über die Idee der Entwicklung gesprochen. Wir kamen beide zur Überzeugung, dass ein ganzheitliches Entwicklungsverständnis ein wichtiger Beitrag Europas für die Welt sein könnte.

Was mich zudem sehr interessierte, war die Geisteswissenschaft Rudolf Steiners. Sie hat nicht nur mein Entwicklungsverständnis maßgeblich beeinflusst und geprägt, sondern auch zahlreiche unserer Modelle bei Trigon inspiriert. Die Geisteswissenschaft Steiners ist in der breiten Bevölkerung nahezu unbekannt. Viele Menschen, die ich kenne, empfinden sie als weltfremd oder viel zu kompliziert und komplex, um sich damit zu befassen. Arbeitet man so wie Fritz und ich als *Praktiker* für *Praktiker*innen*, ist es eine Gratwanderung, ob und wann man sich auf die Quelle der Geisteswissenschaft beruft. Hält man sie still im Hintergrund oder stellt man sie ab und an auch explizit vor den Vorhang?

Die Antworten, die ich von Fritz auf meine vermutlich außergewöhnlichen Fragen bekam, waren ebenso außergewöhnlich. Nachdem er die Mitschrift unseres Gespräches mit einigem Zeitabstand gelesen und an etlichen Stellen überarbeitet hat, gab er mir seine Zustimmung für eine Veröffentlichung.

Ich habe keine Vorstellung, welche Resonanz dieses Büchlein bei der Leserin, beim Leser auslösen wird. Mögen die Menschen, die sich mit Entwicklungsfragen und der Geisteswissenschaft Rudolf Steiners auseinandersetzen, die eine oder andere inspirierende Anregung für sich finden. Mögen jene, die sich mit Entwicklungsfragen und Steiner noch nicht oder kaum beschäftigt haben, ebenfalls neue Sichtweisen entdecken, die für ihre Arbeit oder ihr Privatleben hilfreich sind.

Fritz und ich haben uns in den zwei Tagen in meinem Garten auch über das «Lesen im Buch der Natur» unterhalten. Ich bin an diesem Thema schon seit Jahren dran. Fritz unterstützte mich im Gespräch mit etlichen Überlegungen und Erfahrungen. Diese sind hier nicht wiedergegeben. Sie sind aber in mein neues Buch *Natur Lesen* eingeflossen.

Bleibt mir nur noch zu sagen, dass ich Fritz zu seinem 80. Geburtstag herzlich gratuliere. Möge er seine Geistesfrische und sein Engagement für eine positive und heilsame Weiterentwicklung von Mensch und Natur, von Organisationen und Gesellschaften noch lange beibehalten.

Günther Karner, im April 2021

Entwicklung

Wir alle verwenden den Begriff «Entwicklung» mehr oder weniger oft. So sprechen wir zum Beispiel von der Entwicklung der Welt, der Menschheit, der Natur, des Klimas, der Gesellschaft, der Organisation, in der wir arbeiten, der Kommune, in der wir leben, oder des Bruttosozialproduktes. Wir sprechen von der Entwicklung «unserer» Kinder oder unserer eigenen Persönlichkeit.
Das Wort «Entwicklung» wird von uns für vieles verwendet. Dabei ist uns meist gar nicht bewusst, dass dieser Begriff relativ jung ist. Ja, ich wage zu behaupten, er zählt zu den bedeutendsten Errungenschaften der jüngeren Geistesgeschichte der Menschheit. Und ich wage weiters zu behaupten, dass ein besseres Verstehen von «Entwicklung» für alle Bereiche unseres Lebens ein wertvoller Gewinn sein kann.

Wann und wo ist deines Wissens nach der Begriff «Entwicklung» das erste Mal aufgetaucht?

Goethe verwendete schon den Begriff der «Entwicklung». Er hat das mehr oder weniger in der Pflanzenwelt entdeckt und es auch so benannt. Das war noch vor Charles Darwin und Ernst Haeckel, die den Begriff Evolution für die Biologie nutzten. Und dann gibt's in der Literatur den Begriff des Entwicklungsromans, seit Rousseau. Das war noch, bevor das Entwicklungsthema wissenschaftlich aufgegriffen wurde. Rousseau ist von einer Entwicklung der Menschheit ausgegangen, von Emanzipation, und er war erstaunt, dass er damit – ungewollterweise – die Französische Revolution ausgelöst hat. Der Begriff geht also zurück ins achtzehnte, neunzehnte Jahrhundert.

Johann Wolfgang von Goethe (1749 – 1832) = ein deutscher Dichter, Minister, Naturforscher.
Versuch, die Metamorphose der Pflanze zu erklären = der Titel einer von Goethe 1790 verfassten botanischen Schrift.
Charles Darwin (1809 – 1882) = ein britischer Naturforscher.
Ernst Haeckel (1834 – 1919) = ein deutscher Mediziner, Zoologe, Philosoph.
Jean Jacques Rousseau (1712 – 1778) = ein französischer Schriftsteller, Pädagoge.

Das Entwicklungsverständnis von Darwin hat sich viel stärker durchgesetzt als das von Goethe. Warum ist das so?

Ich denke, das hat damit zu tun, dass viele Naturwissenschaftler mit Darwins Zugang etwas in der Hand hatten, was sie empirisch und nicht philosophisch oder phänomenologisch bearbeiten konnten.

Darwins Entwicklungstheorie = Auffassung, dass im natürlichen Kampf um Nahrung und Lebensraum nur jene Art überleben kann, die sich am besten an ihre Umwelt anpasst.

Empirie = aus wissenschaftlicher Erfahrung gewonnene Erkenntnis.

Phänomenologie = Erkenntnisgewinnung durch unmittelbares Wahrnehmen von Erscheinungen.

Wie definierst du Entwicklung?

Ich verstehe unter Entwicklung den Wandel eines Systems und seiner Gleichgewichtszustände in einer zeitlich unumkehrbar fortschreitenden Folge, in der sich die manifeste Gestalt eines Wesens und seine gestaltbildenden Prinzipien so verändern, dass es dadurch mehr und mehr fähig wird zur eigenständigen Bewältigung höherer endogener und exogener Komplexität.

Endogen = aus inneren Ursachen.

Exogen = aus äußeren Ursachen.

Das klingt mehr als komplex für mich. Habe ich dich richtig verstanden? Es geht bei Entwicklung darum, dass ...
a) sich ein System wandelt,
b) es beim Wandel zu einer Veränderung der sichtbaren Gestalt kommt, sich aber auch die unsichtbaren Prinzipien, die für die Gestaltbildung ursächlich sind, ändern,
c) das Wesen bei all dem immer fähiger wird, Herausforderungen immer höherer Komplexität eigenständig zu bewältigen und
d) alles in einer zeitlichen Abfolge geschieht, die sich nicht mehr umkehren lässt.

Ja, so verstehe ich «Entwicklung».

Kannst du mir die einzelnen Puzzlesteine deiner Definition von «Entwicklung» bitte noch näher beschreiben?

Nun, nach meinem Verständnis geht es beim Subjekt der Entwicklung immer um ein «Wesen». Das kann ein Mensch oder ein von Menschen gebildetes Kollektiv sein.

Der Entwicklungsbegriff ist ein «teleologischer» oder «finalistischer». Da sind sich auch Biologen wie Rupert Riedl darüber einig. Entwicklung hat immer eine Richtung, wie Bernard Lievegoed schon geschrieben hat.

Das Interessante bei der Metamorphose des Schmetterlings ist, dass die gesamten Stadien von Ei über Raupe und Verpuppung auf den späteren Falter hin angelegt sind. Oder, bevor die Schwalben tausende Kilometer von Norden nach Süden fliegen, entwickelt sich in den Schwalben mehr Muskelmasse. Sie werden fit, um fliegen zu können. Sie werden nicht durch die Übungsflüge fit, sondern sie erleben: Jetzt ist die Zeit gekommen zum Fliegen! Jetzt brauchst du mehr Muskelmasse! Das ist sozusagen final produziert.

Oder bei den Schmetterlingen gibt es ja unterschiedliche Verpuppungen, in der Wärme, in der Luft, im Wasser, wie z. B. bei der Libelle oder in der Erde. Die Schmetterlinge kommen erst aus der Verpuppung, wenn es ein für sie günstiges Jahr wird. Aber wie wissen sie, wie die Wetterprognose lautet? Sie bleiben so lange verpuppt – maximal sieben Jahre, hat man bis jetzt festgestellt – bis die Lebensbedingungen günstig für sie sind. Ihre Entfaltung wird also von außen und von innen gesteuert.

Das «Ich» und das «Selbst» sind final orientiert. Dies wird jedoch von vielen Entwicklungspsychologen noch immer bestritten.

Entwicklung führt nicht immer zu einem Fortschritt. Vielmehr stehen einander progressive und regressive Kräfte gegenüber und es hängt vom «Ich» bzw. «Selbst» ab, welche Kräfte den weiteren Verlauf bestimmen, die progressiven oder die regressiven.

Dann findet sich in meiner Definition noch die Aussage, dass sich die «manifeste Gestalt des Wesens und seine gestaltbildenden Prinzipien verändern». Dazu kann ich nur empfehlen, sich die Entwicklung eines menschlichen Embryos vor Augen zu führen. Da kann man dies bereits gut erkennen. Keagan, den ich sehr schätze, meint, dass sich organische Systeme in gesetzmäßig wechselnden, qualitativ unterschiedlichen Phasen der Stabilität und Veränderung entwickeln. Das trifft den Kern, finde ich.

Teleologie = die Lehre davon, dass Entwicklungen zielorientiert ablaufen.

Finalismus = die Auffassung, dass die Haupttriebkraft für Entwicklungen Ziele/Zwecke sind.

Rupert Riedl (1925 – 2005) = ein österreichischer Zoologe. Wurde bekannt für seine Arbeiten zur Meeresforschung, Systemtheorie der Evolution und zur evolutionären Erkenntnistheorie.

Bernard Lievegoed (1905 – 1992) = ein niederländischer Arzt, Sozialökonom und Anthroposoph, Professor für Organisationsentwicklung, Begründer des NPI.

NPI = das Niederländische Pädagogische Institut (für Organisationsentwicklung), gegründet 1954 von Bernard Lievegoed.

Regression = Rückfall auf einen zurückliegenden Entwicklungsstand.

Robert Keagan (geb. 1946) = US-amerikanischer Entwicklungspsychologe. Grundlegendes Werk: Die Entwicklungsstufen des Selbst.

Verwendest du den Begriff der Entwicklung nur für Menschen oder auch bei Pflanzen oder Tieren?

Eigentlich nur für Menschen. Bei den einzelnen Pflanzen spreche ich nicht von Entwicklung, sondern von Metamorphose. Die Pflanze kann nicht anders, als das zu werden, was in ihr veranlagt ist. Beim einzelnen Tier ist das auch der Fall, aber es ist im Zusammenspiel mit dem Menschen möglich, dass auch ein Tier Fähigkeiten entwickelt, die die Art so nicht vorsieht.

Auf der überindividuellen Ebene gibt es bei den Pflanzen und den Tieren auch ein «Ich», und dieses entwickelt sich sehr wohl. Die individuellen Pflanzen entfalten sich. Das überindividuelle Wesen entwickelt sich. Der Körper des Menschen wandelt sich, sein «Ich» und «Selbst» entwickeln sich.

Bei Organisationen spreche ich ebenfalls von Entwicklung. Eine Organisation entwickelt sich nicht ohne Menschen, die Bewusstsein, Willen und eine Vision haben.

Metamorphose = Umgestaltung, Formverwandlung.

Ich vertrete die Meinung, dass die Erde, die Pflanzen, Tiere, Menschen und Organisationen sich entwickeln können ...

Bei den Pflanzen würde ich sagen, die einzelne entfaltet sich und die Art entwickelt sich. Das Wesen entwickelt sich, also nicht die einzelne Rose, sondern das geistige Rosen-Wesen. Und das wird im Individuellen sichtbar.

Wie unterscheidest du den Begriff der «Entwicklung» von den Begriffen «Wachstum», «Wandel», oder «Change»?

Ein Entwicklungsbegriff, in dem das «Ich» oder «Selbst» nicht vorkommt, ist nach meinem Verständnis Wandel oder Metamorphose. Das Individuum dieser oder jener Pflanze metamorphosiert sich. Ich würde aber nicht sagen, dass das eine Entwicklung im Sinne der körperlichen, seelischen und geistigen Entwicklung des Menschen ist. Ein Entwicklungsbegriff beim Menschen, in dem das «Ich» oder das «Selbst» nicht vorkommt, ist nach meinem Dafürhalten eigentlich auch Wandel oder Metamorphose. Der umfassendere Entwicklungsbegriff hängt mit dem «Ich» und dem «Selbst» zusammen. Viele Psychologinnen und Psychologen bezweifeln, ob das «Ich» nicht eine Erfindung von Poeten, Theologen und anderen Phantasten ist.

Ich hatte einen Vortrag auf einem großen Kongress im UNO-Center in Wien zum 100. Geburtstag von Viktor Frankl, der damals nicht mehr lebte. Das Thema war die Selbstentwicklung des Menschen. Einer der Vortragenden war Julius Kuhl, ein berühmter Psychologe. Wir haben uns dort kennengelernt. Julius Kuhl hat das «Ich» und das «Selbst» sehr gut erforscht, auch unter Nutzung neuer neuro-physiologischer Erkenntnisse. Anthroposophisch kann man «Ich» und «Selbst» auch unterscheiden.

Es waren viele namhafte Psychologen anwesend. Sie arbeiteten alle mit dem Begriff der Entwicklung, taten sich aber schwer zu sagen, was das «Ich» und was das «Selbst» sei. Für mich steht das «Ich» und das «Selbst», wenn es um das Menschliche, das Menschheitliche und das Kulturelle geht, immer im Mittelpunkt.

Entwicklung ist zudem ein Wandel in einer zeitlich «unumkehrbaren» Folge, das ist mir noch wichtig zu erwähnen. Wandel hingegen kann so oder so erfolgen.

Viktor Frankl (1905 – 1997) = ein österreichischer Psychiater und Autor, der das KZ überlebt hat. Er begründete die Logotherapie und Existenzanalyse.

Julius Kuhl (geb. 1946) = ein deutscher Professor für Differentielle Psychologie. Diese beschäftigt sich mit den Unterschieden zwischen einzelnen Personen im Hinblick auf psychologische Eigenschaften und Zustände.

Anthroposophie = eine Wortkombination aus dem griechischen «anthropos» (= Mensch) und «sophia» (= Weisheit). Sie bezeichnet die von Dr. Rudolf Steiner aufgrund seiner Einblicke in die geistige Welt geschaffene Geisteswissenschaft. Anthroposophie ist ein Erkenntnisweg.

Die Metamorphose, die Formverwandlung ist ein Element von Entwicklungsprozessen. Es gibt keinen Entwicklungsprozess ohne Metamorphose.

Ja, aber die Entwicklung geht über die Metamorphose hinaus.

Alles im Kosmos ist auf Entwicklung angelegt und ausgerichtet, Entwicklung ist das universelle Prinzip, das alles durchdringt.

Ja, das kann man so stehen lassen. Und Religionen wie auch die Geisteswissenschaft geben Hinweise, welche geistigen Wesen sich dabei entwickeln.

Ist die Idee der Entwicklung etwas zutiefst Europäisches?

Das Interessante ist, dass den Mythen der Völker eigentlich schon ein Entwicklungsgedanke zugrunde liegt. Darin werden die Entwicklungsphasen der Welt in Form von mythischen Bildern beschrieben. Da denke ich an die Genesis oder an das Goldene Zeitalter bei den Römern.

Oft gibt es einen rückwärts gerichteten Blick auf das verlorene Paradies. Man denkt, was dann folgt, ist schlechter. Das ist der Blick auf die regressive Seite und die Sehnsucht nach dem «Zurück ins Paradies». Ich kann den Blick aber auch nach vorwärts richten, darauf, ein Paradies zu schaffen, aber eines, das dem Bewusstseinszustand entspricht. Das «neue Jerusalem», wie es in der Bibel beschrieben ist oder die «Geistselbstkultur», die «Philadelphiakultur», wie Rudolf Steiner sie beschreibt. Nicht mehr zurück, sondern vorwärts. Das ist der Attraktor.

In den Mythen Asiens, Afrikas bleibt das Erleben von Entwicklung noch in der Bildqualität. Es kommt noch zu keinem bewusstseinsmäßigen Erfassen der Idee, die das Bild gestaltet. Das geschieht dann erst in Europa. Ich denke, das hängt mit der Bewusstseinsseelenentwicklung zusammen.

In frühen Zeiten lebte man empfindungsfähig im Entwicklungsgedanken, kannte die Bilder der Archetypen und brachte sie über die Mysterienschulen ins Volk. Pythagoras, der wirklich ein ganz, ganz großer Eingeweihter war, und Hippokrates haben hier mitgewirkt. Sie waren schon von einer impliziten Entwicklungsidee inspiriert.

Attraktoren = Ordnungsmuster aus der Chaostheorie. Chaotisches Verhalten schwingt sich im Laufe der Zeit zu geordneten Mustern ein.

Das Goldene Zeitalter = ein Mythos bei den Griechen und Römern, demzufolge die sozialen Verhältnisse ideal, Kriege, Verbrechen und Laster unbekannt sind und alle Lebensbedürfnisse von der Natur erfüllt werden.

Das Neue Jerusalem = die Vision des Evangelisten Johannes aus dem Neuen Testament, wonach am Ende der Apokalypse eine neue Stadt, ein neues Jerusalem, entstehen wird.

Rudolf Steiner (1861 – 1925) = ein österreichischer Philosoph, Geisteswissenschaftler und Begründer der Anthroposophie.

Philadelphiakultur = nach R. Steiner, die Kultur der Bruderliebe, die einmal kommen wird/kann.

Bewusstseinsseelenzeitalter = nach anthroposophischer Betrachtung die Zeitepoche, die 1413 begann und rund 2.000 Jahre dauern wird. In dieser Zeit ist der Mensch aufgerufen, sein «wahres Ich» bewusst zu erfassen und in einem inneren Ringen zu einem tieferen Verständnis von Christus zu kommen.

Mysterienschulen = in früheren Zeiten Stätten, in denen Schüler eingeweiht wurden, um in ihren Kulturepochen führend zu sein.

Pythagoras (570 – 510 v. Chr.) = ein griechischer Philosoph, Mathematiker und Gründer einer einflussreichen religiös-philosophischen Bewegung.

Hippokrates (460 – 370 v. Chr.) = ein griechischer Arzt und Lehrer.

Kann man Entwicklung konsequent denken, ohne dabei den Begriff «Wesen» mitzudenken?

Man kann es den Menschen nicht übel nehmen, wenn sie so etwas wie ein Wesen in ihrem Denken nicht zulassen. Eigentlich heißt das, sie haben keinen Erfahrungs- oder Wahrnehmungszugang dazu. Vom Wesen zu faseln, ohne wirklich bestimmte Fähigkeiten zu entwickeln, die über das Materielle, Physische hinausgehen, wie das Wahrnehmen von Lebenskräften, bringt nichts.

Wesen = die Essenz einer Erscheinung.

Lebenskräfte = Kräfte, die in allen Lebewesen wirksam sind, die Stoffe ordnen und Strukturen bilden.

Ich habe diese Wahrnehmungsfähigkeit noch nicht stark ausgeprägt, bin aber davon überzeugt, dass es eine «ursächliche Kraft» hinter allen sichtbaren Entwicklungen geben muss. Kein Buch ohne Autor. Kein Bauwerk ohne Planer. Kein Mensch ohne ...

Das Bemühen von Steiner war ja, mit der *Philosophie der Freiheit* Dinge so zu bringen, dass der wissenschaftlich denkende oder im Denken geschulte Mensch sie rein denkerisch nachvollziehen kann, ohne selbst schon übersinnliche Wahrnehmungsfähigkeiten zu haben. Steiner glaubte, es muss möglich sein.

Er argumentierte, dass das Kausalitätsprinzip weitergeführt zur logischen Folge hat, dass man erkennt: «Es bleibt keine Ursache ohne Wirkung. Und was geschieht mit dem, was wir jetzt ethisch, moralisch tun, welche Wirkung hinterlässt das?»

Also, ich wundere mich auch. Mit einem klaren Denken müsste der Begriff des «Wesens» erschließbar sein. Wenn ich sage, das ist ein interessantes rationales Konstrukt, das wäre Konstruktivismus. Aber das «Wesen» ist nicht ein Konstrukt, das man sich zurechtgelegt hat, sondern es beruht auf einem Evidenzerlebnis und das ist, was nur durch geschulte und von Projektion und Wunschdenken gesäuberte Wahrnehmung zu erreichen ist.

Philosophie der Freiheit = das philosophische Hauptwerk von Rudolf Steiner. Er

setzt sich darin mit den Grundlagen von Erkenntnisprozessen auseinander und begründet eine auf die freie Individualität des Menschen gegründete Ethik.
Konstruktivismus = eine Erkenntnistheorie, die davon ausgeht, dass die Wirklichkeit der Welt in den Köpfen der Menschen konstruiert wird.
Evidenzerlebnis = die unmittelbare Gewissheit ohne die Notwendigkeit, über etwas nachzudenken (lateinisch: das «Herausscheinende»).

Das Wesen ist etwas Werdendes?

Das Wort «Wesen» kommt aus dem Althochdeutschen und bedeutet «Sein». Das «Sein» ist aber kein statisches, sondern ein im Werden befindliches «Sein».

Können sich Völker entwickeln?

Ja, Menschen, Gemeinschaften, Völker. Alles, wo «Ich's» drinnen sind.

Entwicklung ist ein Prozess, der ein Wesen zu seiner «Vollendung» führt?

Das, was an Potenzial veranlagt da ist, wird herausgeholt und zur Entfaltung gebracht.

Entwicklung verläuft solange, bis das Urbild, das Potenzial verwirklicht ist?

Die Formulierungen, die sich bei Steiner finden, wohin die Entwicklung der Erde und der Menschheit auf der Erde und damit auch der Erde als Himmelskörper führt, wenn wir es wollen und wenn wir es schaffen, liegt darin, dass die Erde ein leuchtender Stern ist und zu einer Sonne wird, nicht im materiellen, sondern im geistigen Sinn.

Welchen Nutzen kann es für Menschen haben, wenn der Entwicklungsgedanke sich stärker in der Welt ausbreitet?

Ich denke und es ist auch schon beobachtbar, wenn Menschen eine Ahnung von Entwicklung haben, dass sie dann mit einer anderen Sorgfalt, Achtsamkeit, Respekt, Liebe – zusammengefasst: Nachhaltigkeit – agieren. Sie tun dies, weil sie über das Hier und Jetzt hinauszudenken beginnen.

Sie denken auch nicht mehr nur vergangenheitsorientiert, also was nicht mehr ist, sondern mehr dahin, wohin könnte es gehen? Und die Ausweitung der Time-Span-Capacity, die Ausweitung der Zeitdimension und des räumlichen Systemhorizontes, ist eine andere. Du wirst dir anderer Zusammenhänge bewusst und kannst aus dem Verständnis der Nebenwirkungen heraus anders handeln.

Heini Staudinger spricht von «Enkeltauglichkeit», ein ganz gutes Wort. Ist das, was wir tun, so tauglich, dass auch noch unsere Enkel eine Lebensgrundlage haben?

Und das andere ist, wie ändert sich ein Veränderungsprozess, wenn er als Entwicklungsprozess angelegt wird? Wenn es nicht nur um Änderung und reaktives Anpassen geht?

Time-Span-Capacity = die Fähigkeit, Zeiträume zu überblicken und langfristige Entscheidungen zu treffen.

Heinrich Staudinger (geb. 1953) = ein österreichischer Unternehmer; GEA/Waldviertler.

Selbstentwicklung

Im beruflichen und privaten Leben spricht man davon, dass man sich selbst weiterentwickeln soll. Es gibt ein Meer an Büchern, Kursen, Trainer*innen, die einem dabei mit Rat und Tat zur Seite stehen. Die «Biographiearbeit» ist – obwohl nahezu unbekannt – eine ideal in unsere Zeit passende Methode für die Selbstentwicklung. Man setzt sich dabei sehr bewusst und strukturiert mit seinem Lebenslauf auseinander. Im Zentrum stehen drei Fragen: Woher komme ich? Wo stehe ich in meinem Leben? Wohin will ich? Diese persönlichen Fragen werden vor dem Hintergrund allgemeiner Rhythmen und Gesetzmäßigkeiten in der menschlichen Entwicklung bearbeitet.

Wo kommt die Biographiearbeit her? Wie ist sie entstanden?

Die Biographiearbeit auf Grundlage der Anthroposophie ist stark von Bernard Lievegoed geprägt. Vorträge über den menschlichen Lebenslauf haben viele anthroposophische Ärzte auch zuvor schon gehalten. Aber die Vorträge in Übungen und Selbstreflexionen überzuleiten, das geht wesentlich vom NPI aus. Da war nicht Bernard Lievegoed der Meister in diesen Dingen, das waren die anderen Kollegen, die Übungen und Fragestellungen entwickelt haben.

Biographiearbeit = eine strukturierte Form zur Selbstreflexion des eigenen Lebenslaufes.

Ich habe das Glück gehabt, vor rund 30 Jahren bei deinem NPI-Kollegen Hans von Sassen, der dann in Österreich einer meiner Trigon-Kollegen wurde, an einem Biographieseminar teilzunehmen. Sein Vorgehen hat mich dermaßen begeistert, dass ich nach seinem Tod selbst Biographieworkshops anzubieten begann. In der Grundstruktur lehne ich mich bis heute stark an Hans an. Ich arbeite zeitlich jedoch reduzierter: Ein halber Tag für den Lebensrückblick, ein halber Tag für die Auseinandersetzung mit der Gegenwart und ein halber Tag für die Zukunftsentwicklung. Gab es diesen Dreischritt auch schon am NPI? Wurde dieser von Hans entwickelt?

Ja, das war der von Hans.

Hans von Sassen (1916 – 2004) = ein Kollege von F. Glasl am NPI; später Mitbegründer der Trigon Entwicklungsberatung.

Meiner Meinung nach passt die Biographiearbeit optimal ins Zeitalter der Bewusstseinsseelenentwicklung …

Wenn der Mensch auf seine Vergangenheit zurückschaut, kann er entdecken, wie er eigentlich halbbewusst oder unbewusst Dinge getan hat, die ihm dann bei der Biographiearbeit bewusst werden können. Er sieht zum Beispiel, damit war ich schon früher beschäftigt, dies und jenes war damals schon, aber ich habe es als solches nicht erkannt oder ich habe es nur so halb verwirklichen können ...

Ich kann in der Biographiearbeit mein «Selbst» entdecken, mein «Ich» als das Agens der Entwicklung, und das ist eine ganz wichtige Voraussetzung. Aber jetzt, wie gestalte ich selbst, wie es in meinem Leben weitergeht? Ich habe bisher auch schon gestaltet, bin nicht einfach nur in Ereignisse oder durch Gene etc. geschoben worden, sondern ich wollte dorthin.

Ich finde, dies kommt wunderschön in dem Film *Die Kinder des Monsieur Mathieu* zum Ausdruck. Das Spannende ist, wie hat er die Kinder gewonnen? Indem er sie alle einen Aufsatz darüber schreiben hat lassen, was sie werden wollen. Alle wollten etwas werden. Auch wenn jemand geschrieben hat, er möchte ein Meisterdieb werden, dann hat er dazu Fähigkeiten entwickeln müssen. Jeder Mensch hat das in sich, ich will nicht der bleiben, der ich bin. Ich will Lokomotivführer werden oder ich will Lehrerin werden oder ich will später Dirigent oder Ärztin werden.

Das, das sowieso im Menschen lebt, dass er mehr und mehr wach wird und ein Bewusstsein seiner selbst entsteht, das ist Bewusstseinsübung pur.

Agens = Verursacher eines Ereignisses.

Die Kinder des Monsieur Mathieu = ein französisch-schweizerischer Kinofilm, in dem der Musiklehrer in einem Kinderheim die Knaben zum Chorsingen begeistert.

Gibt es eigentlich eine Selbsterkenntnis?

Ich habe ein «Selbst». Ich bin ein «Selbst». Selbsterkenntnis bedeutet auch, dass das «Selbst» sich als «Selbst» erkennt. Diese Fähigkeit, das Geistige in sich selbst wahrzunehmen und – ja, da ist etwas in mir, auf ein Anderswerden, auf ein Besserwerden, auf Entwicklung angelegt –, das geht nur, wenn ich durch bestimmte Lebenssituationen in Kontakt bin mit meinem Höheren Selbst.

Wenn ich bei Konflikten über Licht und Schatten, Höheres Selbst und Doppelgänger mit den Leuten arbeite, dann lasse ich sie Übungen machen, bei denen sie in ihrem Leben «Peak-Experiences» aufsuchen, wie das Viktor Frankl und Abraham Maslow nannten. Das sind ganz bestimmte Momente, wo die Zeit stillsteht und du dich mit den Menschen, mit der Natur, mit dem Weltall verbunden weißt und wo du eine blitzartige, kurze Vorschau auf dich hast, auf den, der du sein könntest oder sein willst. Solche Erfahrungen gibt es. Nur die werden schnell wieder vergessen. Peak-Experiences kommen in sehr traumatischen, lebensgefährlichen Situationen vor.

Der Dirigent Welser-Möst beschreibt, wie er bei einem verheerenden Autounfall, den er mit 18 Jahren hatte, in eine Stille eintauchte, die Ewigkeit war. Es war die Zeit des ersten «Mondknotens».

Diese Peak-Experiences, die Mihaly Csikszentmihalyi als «Flow» beschreibt, haben Menschen. Sie gehen nur so schnell verloren, weil man spektakulär anderes erwartet, wenn man dem Höheren Selbst begegnet. Aber diese Erfahrungen aufzuspüren und sich zu fragen: «Was ist mir da über mich klar geworden und wie hat mich das in meiner Lebensführung, Lebenszielsetzung gestärkt?», ist sehr wichtig.

Ich kenne diese Momente großer Lebensgefahr oder besonders beglückender Erlebnisse. Ich war zum Beispiel bei der Geburt meiner drei Kinder dabei. Und wenn du das Neugeborene zum ersten Mal im Arm hast, kann dir klar werden, welch enormes Vertrauen dieses Wesen in uns gehabt haben muss, als es sich für den Lebens- und Geburtsakt entschieden hat.

Höheres Selbst = das «wahre Ich», der Wesenskern des Menschen, der immer anwesend ist, sich aber nicht verkörpert. Es verbleibt laut Steiner in der geistigen Welt, inspiriert aber das «Ich».

Peak-Experience = ein «Gipfelerlebnis», eine seltene, aufregende, tief bewegende, erhebende Erfahrung.

Abraham Maslow (1908 – 1970) = ein US-amerikanischer Psychologe. Gilt als Gründervater der Humanistischen Psychologie. Er führte 1954 den Begriff «Positive Psychologie» ein.

Franz Welser-Möst (geb. 1960) = ein österreichischer Dirigent.

Mondknoten = jene Konstellation, die der Mond zur Zeit der Geburt im Kosmos in Bezug zur Ekliptik innehat. Alle 18 Jahre, sieben Monate und neun Tage wiederholt sich diese Konstellation. In vielen Biographien zeigen sich da die eigentlichen Lebensideale.

Mihaly Csikszentmihalyi (geb. 1934) = ein Psychologe, der 1975 das Flow-Erleben beschrieb.

Flow = der mentale Zustand der völligen Vertiefung/Konzentration und des restlosen Aufgehens in einer Tätigkeit, die wie von selbst vor sich geht.

Als Mensch erfahre ich in meiner Entwicklung mit ca. sieben Jahren den Wegfall meiner Milchzähne. Ich muss dafür nichts tun. Es geschieht aufgrund von Bioprozessen von selbst. In meiner geistig-seelischen Entwicklung gibt es diesen Entwicklungsautomatismus nicht. Siehst du das auch so?

Wenn jemand seine Entwicklung nicht selbst ergreift, dominieren die regressiven Kräfte, da macht man dann Schritte zurück.

Das «Ich», das «Selbst» ist die innere Kraft, die meine Entwicklung vorantreibt.

Das «Selbst» entwickelt sich aber nicht, wie der Begriff der «Selbstentwicklung» vermuten lässt, oder?

Das «Selbst» entwickelt sich auch. Bei den Wochensprüchen von Rudolf Steiner findest du dazu Hinweise. Das Ganze ist zirkulär. Das «Selbst» als solches ändert sich aus eigener Kraft und dadurch kann es seine Potenziale entfalten.

Wochensprüche = eine Sammlung von Sprüchen von Rudolf Steiner für jede der 52 Wochen. Diese lassen die jahreszeitliche Stimmung in der Seele erklingen. Der Jahreslauf hat sein eigenes Leben, das die Menschenseele mitempfinden kann.

Krisenzeiten und Sternstunden. Ich weise bei meinen Vorträgen über die «Entwicklungsphasen des Menschen» auf die Bedeutung von Krisenmomenten, Krankheiten und Schicksalsschlägen hin. In letzter Zeit wurde mir deutlich, dass ich den Sternstunden ein zu geringes Augenmerk geschenkt habe. Das wurde mir in der Auseinandersetzung mit deinen Werken bewusst ...

Ja, es geht immer um die Doppelseitigkeit von Sternstunden und dem größten Dunkel und um die Frage, wie entscheidest du dich «jetzt»?

Mir ist auch ganz wichtig, wenn ich bei Konflikten an Licht- und Schattenseiten arbeite, dass die Menschen erst an den Lichtseiten arbeiten und sich ihre Sternstunden selbst wieder zur Kenntnis bringen. Nach dem Motto: «Ach ja, da ist etwas, das zieht mich an ...»

Sternstunden = Momente eines großartigen Erfolges oder Glücks.

Es gibt einen Punkt in meinen Biographieworkshops, wo ich jedes Mal ein gewisses Unbehagen habe. Wenn es darum geht, dass die Menschen ihre Zukunftsvisionen zu Papier bringen, orte ich die Gefahr einer Versuchung oder einer Verführung. Die Frage nach den Zukunftsvisionen kann nämlich dazu führen, sich eine Zukunft zu erträumen, in der man sich primär profilieren und wichtig machen möchte. Ich versuche, dem mit Fragen gegenzusteuern wie: «Mit welcher Aufgabe bist du in die Welt gekommen?» «Was will die Welt von dir?»

Ja, es besteht eine gewisse luziferische Gefahr in der Visionsarbeit. Du kannst zuerst eine Szenario-Einheit einbauen: «Wie schaut die Welt in zehn Jahren aus und wie stehe ich zu dieser Welt?» Das ist ein Gegenstück zur Phantasiereise. «Welche Aufgaben kommen auf mich zu?», ist eine wesentliche Frage. Meine Aufgabe in der Welt kann bedeuten: «Es wird nicht immer leicht sein und es bedeutet auch nicht, dass ich belohnt werde für das, was ich mache, aber es macht Sinn, wenn ich meine Potenziale dafür einsetze und entwickle.»

Luzifer = der Name für eine Gruppe mächtiger geistiger Wesen, die den Menschen von seiner wahren Bestimmung abbringen möchten. Das Luziferische offenbart sich beim Menschen im Hang, sich in Phantasien zu verlieren, von der Wirklichkeit abzuheben, sich in schöne Illusionen einzuspinnen, den Rest der Welt zu vergessen, sich selbst zu überschätzen.
Visionsarbeit = eine Methode, bei der man (s)eine Wunschzukunft «erträumt».

Welche Übungen könnten im Rahmen der Biographiearbeit noch interessant sein?

Zum Beispiel die Frage nach den «Bruchstellen» in meinem Leben. Nach Momenten, in denen man sich sagt: «Ich mach' da nicht mehr mit.», «Ich verlasse mein Elternhaus.», oder «Ich steige aus.» Diese Bruchmomente und Bruchgeschichten sind sehr gute Übungen, die eigentlich zu den Mondknoten gehören.

Das andere, was gegen das Luziferische wirken kann, sind «Skulpturübungen». Wenn man sich in der Gruppe näher kennt, können Gruppenmitglieder einen in einer Haltung stehen lassen wie eine Skulptur. «Was haben wir in dir gesehen?», «Was sind deine Stärken?», «Wie schaust du in der Vergangenheit aus?», «Wie ist die Zukunftsgestaltung?» Und dann versucht man den Übergang vom Gestern ins Heute und ins Morgen in einer Bewegung darzustellen. «Wo hapert's?», «Wo bekomme ich zum Beispiel die Faust nicht gelockert?» An dem kann man dann weiterarbeiten. Hier geht es nicht darum, wie werde ich noch größer, schöner, sondern: Wie werde ich fit für das, was ich mir an Aufgaben selbst stelle?

Skulpturübung = eine Methode aus der Familientherapie, bei der Teilnehmer*innen jemanden als menschliche Skulpturen formen.

Du beschäftigst dich in deinem neuen Buch über die Künstler Gabriele Münter, Wassily Kandinsky und Paul Gauguin stark mit dem Thema der Mondknoten ...

Es ist äußerst anregend, sich mit den Mondknotenzeiten auseinanderzusetzen. Van Gogh erschießt sich beim zweiten Mondknoten, mit 38 Jahren. Gabriele Münter reist beim ersten Mondknoten nach Amerika. Beim zweiten Mondknoten bricht der Erste Weltkrieg aus und sie trennt sich von Kandinsky.

Gabriele Münter hat mit ihrem Lebensgefährten Wassily Kandinsky eine «Gewissensehe» geführt. Schlussendlich hat er sie verraten und 1917 in Moskau eine Generalstochter geheiratet, obwohl er Gabriele Münter die Ehe immer wieder versprochen hatte und beide auch schon verlobt waren. Kandinsky war zehn Jahre älter. Ich gehe in meinem Buch dem nach und achte darauf, was in welcher Lebensphase bei den beiden passiert ist und welche Spannungsfelder deutlich werden.

Da ist Kandinsky einmal im Mondknoten, seelisch tief unten und sie hingegen mit 35 Jahren an ihrem Schaffenshöhepunkt. Dann kommt sie aus der Midlifecrisis nicht heraus, weil er sie verlassen hat. Diese Doppelseitigkeit von Sternstunden und dem größten Dunkel, und die Frage, wie entscheidest du dich jetzt, das ist existentiell. Wie ich schon angemerkt habe, lasse ich in meiner Konfliktarbeit die Menschen erst an der Lichtseite arbeiten, also an den Sternstunden. Es gilt, diese in sich selbst wieder zum Bewusstsein zu bringen und zu sagen, ja da ist etwas, das zieht mich an.

Das Thema der Mondknoten, das kommt bei Lievegoed nicht vor. Es gibt aber spannende Bücher dazu, zum Beispiel von Florian Roder.

Gabriele Münter (1877 – 1962) = eine deutsche Malerin, Mitglied des «Blauen Reiter».

Wassily Kandinsky (1866 – 1944) = ein russischer Maler, Mitgründer des «Blauen Reiter».

Paul Gauguin (1848 – 1903) = ein französischer Maler, Symbolist.

Florian Roder (1958 – 2020) = ein deutscher Schriftsteller.

Münter, aber auch Gauguin oder Rembrandt – was hat dich an diesen Persönlichkeiten so gereizt, dass du dich Jahrzehnte mit ihnen beschäftigt hast?

Wie kam ich auf die Idee oder wie kam die Idee zu mir? Als ich am NPI war, bin ich sehr inspiriert durch Lievegoed in die Entwicklungspsychologie gegangen. Er war damals einer der prominentesten Entwicklungspsychologen Hollands. Sein Buch *Lebenskrisen – Lebenschancen* war monatelang auf der Bestsellerliste die Nr. 1 in Holland. Wir haben also bei unseren Trainings oder OE-Projekten immer auch Vorträge über die Entwicklungsphasen des Menschen gehalten und ich habe den

Begriff geprägt, dass der Mensch so mit 49 Jahren da ist, wo die Jupiterphase beginnt, die königliche Weisheit, die Überschau usw., dass er da einen «Panoramablick» haben kann. Das habe ich einfach so gemeint. Als ich dann in meinen Kunstbüchern von Gauguin geblättert habe, sah ich, dass er ein Panorama gemalt hat. Das ist jenes Bild über die Lebensphasen, das in Boston hängt. Wie alt war er? 49! Vorher hatte er nie ein Panorama gemalt. Dann habe ich die Biographie von Gauguin studiert und entdeckt, dass diese ziemlich genau den Beschreibungen der Jahrsiebte in der menschlichen Entwicklung gefolgt ist.

Bei Gabriele Münter bin ich draufgekommen, weil ich nach meinen Vorträgen über das Leben von Gauguin gefragt wurde, wie ist das denn bei der anderen Hälfte der Menschheit, den Frauen? Da ist doch manches anders oder ist es genau so? Fritz, kannst du die Lebensphasen nicht auch am Leben und Werk einer Frau darstellen?

Dann bin ich auf die Suche gegangen. Ich habe mich mit vielen Frauenbiographien beschäftigt und bin dann bei Gabriele Münter gelandet. Bei ihr zeigen sich die Jahrsiebte nicht so plakativ wie bei Gauguin, sind aber auch deutlich zu erkennen.

Gauguin als Symbolist – wie er sich selbst definiert hat – hat sein «Ich», das «Höhere Selbst», seinen Schatten und Doppelgänger auf die Leinwand gebracht. Bei Münter war das viel subtiler. Da muss man mehr suchen.

Aber es gab noch einen zweiten Grund, warum ich auf Gabriele Münter gekommen bin. Sie ist eine starke Persönlichkeit, die in der Malerei ihren eigenen Weg geht und nicht anpasserisch im Schatten des Genies Kandinsky steht. Sie ist selbst ein Genie.

Der dritte Grund war: Sie ist 1962 gestorben, gerade nach ihrem 85. Geburtstag. Mich hat es auch interessiert, eine Biographie von jemandem zu studieren, der in einer aufrechten Haltung durch die Nazizeit gegangen ist, den ganzen Nationalsozialismus durchgemacht hat und sich nicht verbogen hat. Was ist da an Ich-Kräften sichtbar?

Ich fühlte mich im ersten Teil dieses Buches herausgefordert, ganz intensiv auf die Frauen einzugehen und mich auch der Frage zu stellen, was geschieht wirklich ab 70 und dann noch weiter? Die körperliche Entwicklung geht nimmermehr bergauf. Und wie ist das beobachtbar an einer Frau, die 85 Jahre alt geworden und durch die schwersten Zeiten gegangen ist? Das war das Reizvolle und ich hoffe, es ist mir gelungen, das gut herauszuarbeiten.

Rembrandt van Rijn (1606 – 1669) = einer der bedeutendsten und bekanntesten niederländischen Künstler des Barocks. Malte zahlreiche Selbstportraits.

Panoramablick (nach F. Glasl) = die Fähigkeit von Menschen, weite Zeitspannen zu überblicken, ohne durch zu viele Details den roten Faden dabei zu verlieren. Sie können Zusammenhänge in scheinbar widersprüchlichen Ideen, Religionen erkennen.

Jupiterphase = die Lebensphase von 49 – 56 Jahren (Ziel: Großmütigkeit, Güte, liebevolle Weisheit …).

Jahrsiebte = die Vorstellung der «anthroposophischen Entwicklungslehre», dass sich beim menschlichen Lebenslauf «Sieben-Jahresperioden» zeigen. Bereits Hippokrates wies auf den Sieben-Jahreszyklus hin.

Doppelgänger = die unsichtbare Gestalt, die aus den guten und weniger guten Taten eines Menschen gewoben ist und die er in sich trägt.

Ich habe mittlerweile über 2.000 Biographiebücher namhafter Persönlichkeiten gesammelt. Was ist deiner Meinung nach das Befruchtende, Inspirierende, Nutzstiftende, wenn man die Biographien außergewöhnlicher Menschen liest? Was ist deine Erfahrung? Ist es so, dass man sich dabei selbst besser kennenlernt, weil man sich zu ihnen in Bezug setzt?

Das Spannende ist, dass diese Biographien im Vergleich mit dem eigenen Leben meist nicht ähnlich sind, dass sie anders sind und gerade dadurch inspirieren.

Es gibt die Erfahrung bei Jugendlichen, dass sie enorme Kraft aus dem Lesen von Biographien schöpfen oder dem Betrachten von biografischen Filmen – gerade, wenn sie beim ersten Mondknoten mit 18/19 Jahren auf der Suche nach dem eigenen Leitstern sind. Sie können dann sehen, wie jemand etwas aus sich gemacht hat. Das ist das Entscheidende in der Selbstentwicklung, wie jemand etwas aus sich gemacht hat und nicht von anderen dahin entwickelt wurde. Und wie das durch Höhen und Tiefen geht, das zu verfolgen, ist ein enormer Gewinn. Ich weiß von Lehrern und Lehrerinnen, dass die Erfahrung ganz wichtig ist, wenn Jugendliche Biographien lesen.

Große Persönlichkeiten in der Menschheitsgeschichte haben sich meist für eine bestimmte Aufgabe hingegeben, haben sich geopfert. Die Vollendung einer Entwicklung ist vielleicht nicht die Blüte, sondern erst die Frucht?

Friedemann Schulz von Thun hat das schön formuliert. Er spricht davon, dass der Mensch sich selbst transzendieren kann. Er tut etwas gerade nicht für sich, sondern für etwas Höheres, was über ihn hinausführt. Das ist Selbsttranszendieren.

Friedemann Schulz von Thun (geb. 1944) = ein deutscher Psychologe und Kommunikationswissenschaftler.

Eine der Tugenden oder Fähigkeiten im zunehmenden Alter kann darin bestehen, sich mehr und mehr «hinzuschenken» …

Bei der Malerin Gabriele Münter lässt sich dies bis zu ihrem 80. Lebensjahr verfolgen. Die ganze Gruppe «Der Blaue Reiter», Wassily Kandinsky etc., hat ihren Höhepunkt vor dem Ersten Weltkrieg. Dann werden sie durch den Krieg in alle Winde zerstreut. Franz Marc, der Tiermaler und August Macke sind eingerückt und gefallen. Gabriele Münter hat in ihrem Häuschen in Murnau die Bilder ihrer Malerfreunde in einem geheimen Raum im Keller vor den Nazis versteckt und durch diese Zeit gerettet und nach dem Krieg auch noch vor der amerikanischen Besatzung. Diesen Schatz hat sie gehütet und zu ihrem 80. Geburtstag der Stadt München geschenkt. Die Bilder waren ihr Leben. Sie hätte zuletzt noch Millionen scheffeln können, aber sie wollte nichts damit verdienen. Nach dem Krieg hat sie selbst wieder Bilder gemalt und diese zu einem guten Preis verkauft. Mit dem Geld hat sie dann Werke ihrer Freunde gekauft, die das aber nicht gewusst haben. Sie hat das für die Kunst und für die Menschheit gemacht. Das ist ein schönes Beispiel, was jemand nach seinem 70. Lebensjahr in der Entwicklung schaffen kann.

Der Blaue Reiter = eine Malergemeinschaft, die knapp vor Ausbruch des Ersten Weltkrieges bestand.
Franz Marc (1880 – 1916) = ein deutscher Maler des Expressionismus.
August Macke (1887 – 1914) = ein deutscher Maler des Expressionismus.
Murnau = eine Kleinstadt, in der Kandinsky und Münter lebten, 60 km südlich von München.

Wenn man davon ausgeht, dass in unserem Kulturkreis die Menschen immer älter werden und sich hoffentlich ein großer Teil im Alter geistig-seelisch weiterentwickeln möchte, dann müsste der Welt in Zukunft vieles geschenkt werden.

Auch das Vererben ist ein Verschenken. Es ist nicht unbedingt ein Verdienst des Erben.

Zurück zur Biographiearbeit: Ich habe festgestellt, dass es einen großen Unterschied macht, ob jemand den Drei-Schritt-Zyklus der Biographiearbeit allein für sich macht oder ob man sich nach jedem Schritt in einer kleinen Gruppe mit zwei, drei oder vier anderen austauscht. Das Lernen voneinander und aneinander ist enorm bereichernd.

Ja, denn dadurch entdeckt man die Gesetzmäßigkeiten, die in uns allen leben, und mein Individuelles.

*Ich durfte in Biographieworkshops bisher einige hundert Personen begleiten und kann sagen, dass diese Einheiten zu den beglückendsten Erfahrungen in meiner Beratungstätigkeit zählen. Die Teilnehmer*innen sind sehr offen und sehr dankbar für die Möglichkeit, sich einmal in Ruhe und gezielt mit ihrem Lebenslauf auseinanderzusetzen. Schreibe ich ein Biographieseminar am offenen Markt aus, kommt es mangels Interesse nicht zustande. Es klappt nur, wenn ich die Biographiearbeit als ein Modul in ein Bildungsprogramm integriere. Biographiearbeit ist für mich wie eine Strategieklausur mit sich selbst. Bis heute habe ich aber keinen marktfähigen Begriff für die «Biographiearbeit» gefunden. Hast du eine Idee?*

Im NPI konnte man den Begriff «Biographiearbeit» noch gut verwenden, weil das Buch *Lebenskrisen – Lebenschancen* von Bernard Lievegoed so populär war. An sich könnte das Buch von Gudrun Burkhard über Biographiearbeit etwas bewegen. Im deutschsprachigen Raum ist es bis auf Wochenendseminare – meist Anthroposophen unter sich – eigentlich noch niemandem wirklich gelungen, die Biographiearbeit breit anzubieten. Ich habe mir auch die Frage gestellt, wie man es benennen sollte. Wir haben es am NPI unter dem Schlagwort «aktive Karriereplanung» versucht.

Gudrun Burkhard (geb. 1929) = eine Ärztin in Brasilien; Autorin zahlreicher Bücher über Biographiearbeit.

Organisationsentwicklung

Organisationen können sich entwickeln und dabei Phasen durchlaufen, zwischen denen Krisen auftreten. Friedrich Glasl hat mit Bernard Lievegoed (Dynamische Unternehmensentwicklung) vier typische Entwicklungsphasen herausgearbeitet, detailliert beschrieben und ist damit sehr bekannt geworden: Die Pionierphase, die Differenzierungsphase, die Integrationsphase und die Assoziationsphase.
Geht es um die Entwicklung von Organisationen, dann stößt man nicht nur auf typische Phasen, sondern immer wieder auf (vermeintlich) neue Ansätze, Methoden und Moden …

Was nimmst du aktuell an erfreulichen, befremdlichen, aber auch modischen Strömungen in der Organisationsentwicklung wahr?

Zurzeit, in einer von VUCA geprägten Welt meine ich zu beobachten, dass wieder einmal eine starke Tendenz darin besteht, schnell und schneller zu verändern. Das muss dann nicht immer Entwicklung sein, kann aber Entwicklung sein. Entwicklung braucht nicht immer langsam zu verlaufen, aber die aktuelle Zeit führt zu Aussagen wie: «Jetzt haben wir nicht viel Zeit.», «Wir müssen überleben und die Krise bewältigen.» Meistens pumpt man damit nur das Wasser aus dem Boot, ohne das Leck zu identifizieren. Eine Krisenbewältigung sollte auch die Frage stellen: Wenn das Boot wieder tüchtig ist, wohin wollen wir dann eigentlich, wie sieht unser Kurs aus? Das sind die wirklichen Fragen, die auch Corona aufwirft. Was ist diese neue Normalität, von der so oft gesprochen wird? Was lernen wir aus dem, was sich an Dysfunktionalitäten in der Wirtschaft und in der Politik erwiesen hat? Ich sehe im Augenblick aufgrund der Notwendigkeit, sich schnell zu orientieren und zu handeln, dass dabei das Entwicklungsverständnis wieder etwas reduziert oder überhaupt zur Seite geschoben wird. Wie nach Bertolt Brecht: «Erst kommt das Fressen, dann die Moral.» Erst kommt das Überleben und dann schauen wir, wie es in Zukunft weitergeht.

Ich erlebe da auch eine Spannung, zwei Ströme eigentlich: Einerseits diese Hier & Jetzt-Krisenbewältigung und das andere sind Menschen, die sagen, wir müssen die Wirtschaft umbauen. Wir müssen über die Globalisierung anders denken und wir müssen über die Frage z. B. unseres Gesundheitssystems sprechen.

Die Bedrohung von Viren hat es immer schon gegeben und wird es immer geben, aber wie werden wir unser Immunsystem stärken? Das ist die Voraussetzung des Gesundseins. Es geht um Salutogenese. Also nicht, wie bekämpfen wir Krankheiten?

Da sind also zwei Strömungen, die ziemlich weit auseinanderliegen. In den öffentlichen Diskursen gilt die eine als pragmatisch und die andere wird als abgehoben oder utopisch abgewertet.

Ich mache einen kurzen Ausflug in die internationale Politik. Nimm die Zunahme der Gewaltdrohungen: Donald Trump zum Beispiel, der immer davon spricht, dass er einen Deal gemacht und historische Dinge geleistet hat. Trump hat nie verhandelt. Er hat nur erpresst, hat schon Sanktionen in Bewegung gesetzt, bevor noch verhandelt wurde. Es wurden Forderungen gestellt. Wenn diese nicht erfüllt werden, folgen Sanktionen. Das ist kein Deal. Das ist erpresserisch. Sehr schnell werden gegenüber China Gewaltszenarien an die Wand gemalt, gegenüber Russland und anderen. Die Leichtigkeit, mit der er und weltpolitisch bestimmende Kräfte, also Mächtige, mit Drohszenarien arbeiten und auch mit Drohstrategien, das ist gegen Entwicklung. Oder wie werden wir mit dem Migrationsproblem fertig? Ich denke, indem wir wirklich schauen, wie kann es in Afrika Lebensbedingungen geben, die die Flucht nicht erzwingen. Man soll dort ansetzen, wo die Ursachen sind, aber das aktuelle Agieren geht nicht viel weiter als ein Notpflaster.

Ich sehe generell mehr ein Bauen auf Gewalt, auf Macht und auf Kurzfristiges, und dann ab und zu ein böses Erwachen, wenn sich zeigt, das hat aber jene ökologischen oder sonstigen Folgen. Und wenn ich das so als Kontextkultur kurz skizziere und dann auf Organisationen schaue, speziell im Wirtschaftsbereich, dann tauchen natürlich immer Modekonzepte auf, die verkauft werden, so nach dem Motto: «Ein ganz neues Patentrezept, mehr brauchst du nicht, all you need is …» Früher war dies «MbO», dann die «Balanced Scorecard» oder auch andere Konzepte. Stets reduktionistisch, also eingeengt. Da sehe ich auch diese zwei Strömungen.

Wie du gerade versuchst, mit den Bauern zu arbeiten und eine assoziative Wirtschaftsgemeinschaft zu formen, die nicht für den anonymen Markt produziert, da sehe ich ganz andere Beziehungsqualitäten zwischen Konsumenten und Produzenten und damit auch ein ganz anderes solidarisches Denken.

Agiles Management und im Grunde auch Frederic Laloux mit «Reinventing Organizations», das sind eigentlich Ausprägungen der Integrationsphase. Das ist noch keine Entwicklung zur Assoziationsphase.

Laloux beschreibt Modelle, wirksame und brauchbare, aber das ist nicht plötzlich eine völlig neue Sache. Ich bin immer überrascht, wenn so getan wird, als würde dies zum ersten Mal beschrieben. Das konntest du schon bei der Integrationsphasendarstellung 1974 bei Lievegoed nachlesen.

An sich bringen diese Modedinger etwas in Bewegung. Wenn sie aber nicht in ein umfassendes Organisationssystem, das auch mit einem Menschenbild zusammenhängt, und nicht in ein Verständnis von Veränderungsprozessen als Entwicklungsprozesse eingebettet sind, sondern nur als Anpassungsprozesse verstanden werden, dann ist klar, dass die eine Mode von der nächsten Mode abgelöst wird. Immer der neueste Schrei. Dann wird schnell etwas implementiert, ohne dass man sich genügend darüber im Klaren ist. Das ist nur eine Kopienentwicklung.

Welches Wertesystem liegt dem Ganzen eigentlich zugrunde? Ich möchte es nicht abwerten, nur das Drumherum, diese Mystifizierung, dass es etwas völlig Neues ist, was Laloux geschrieben hat und entdeckt hat, das ist es nicht. Sein Verdienst ist, dass er nachgewiesen hat, dass Selbststeuerung auch für große Organisationen möglich ist, denn früher dachte man, Selbststeuerung ist etwas, das nur funktioniert, wenn eine Organisation noch klein und überschaubar ist. Dass es auch in großen Konzernen geht, schien unmöglich.

Laloux geht mit seinen Beschreibungen noch nicht in die Assoziationsphase, während das Konzept von «Lean» bereits in die vierte Phase ging.

Organisationsentwicklung = ein Beitrag zur Befähigung und Ermächtigung der Menschen, miteinander mehr zu eigenverantwortlichen Gestalter*innen der Umwelt zu werden. B. Lievegoed und F. Glasl haben dazu ein viel beachtetes Phasenmodell erarbeitet. Es zeigt, wie sich Organisationen entwickeln.

VUCA = eine Beschreibung der schwierigen Rahmenbedingungen für eine Unternehmensführung. Das Umfeld ist zunehmend schwankend (volatility), unsicher (uncertainty), komplex (complexity) und mehrdeutig (ambiguity).

Bertolt Brecht (1898 – 1956) = ein deutscher Dramatiker und Lyriker.

Salutogenese = der individuelle Entwicklungs- und Erhaltungsprozess von Gesundheit. Gesundheit gilt nicht als Zustand, sondern ist als Prozess zu verstehen. Krankheit und Gesundheit werden laut dem Salutogenesemodell nicht getrennt, sondern als fließender Übergang gesehen. Jeder Mensch besitzt gesunde und kranke Aspekte.

MbO (Management by Objectives) = eine Managementmethode. Sie bedeutet «Führen durch Zielvereinbarung».

Balanced Scorecard = eine Managementmethode, die die strategischen Ziele und Kennzahlen eines Unternehmens auf einfache Weise sichtbar und steuerbar macht.

Agiles Management = ein Management, das flexibel, proaktiv, antizipativ und initiativ agiert.

Frederic Laloux (geb. 1969) = ein belgischer Berater und Führungskräftecoach; Autor von «Reinventing Organizations».

Selbststeuerung = ein Ansatz, bei dem sich Teams ohne Teamleitung selbst organisieren.

Integrationsphase = die dritte Phase in der Entwicklung einer Organisation. B. Lievegoed und F. Glasl haben vier Phasen in der Entwicklung von Organisationen beschrieben. Die Integrationsphase soll die Qualitäten der ersten Phase, der Pionierphase (Flexibilität, Dynamik, Kundennähe …) mit den Qualitäten der zweiten, der Differenzierungsphase (Ordnung, Struktur, Klarheit …) vereinen.

Assoziationsphase = die vierte Phase, in die sich Organisationen entwickeln können. Dabei steht die Weiterentwicklung nicht nur der eigenen Organisationen, sondern des Wertschöpfungsstromes mit den vorgelagerten Lieferanten, den Kunden, sonstigen Stakeholdern und der Natur im Fokus.

Lean Management = ein Begriff, der Anfang der 1990er u. a. von Daniel Jones, einem Freund von F. Glasl, geprägt wurde. Vorausgegangen war ein fünfjähriges Forschungsprojekt in der Autoindustrie. Lean Management beschreibt die Inhalte der Integrations- und Assoziationsphase.

Ich erlebe es als sehr mühsam, assoziative Formen ins Leben zu bringen. Die Assoziationsphase bedingt, dass es einer kritischen Menge an Menschen mit einer dafür nötigen Bewusstseinsstufe bedarf, sonst funktioniert es meiner Erfahrung nach nicht. Brauchen wir einfach mehr Zeit und Geduld? Gibt es Formen, Unterstützungen, Beispiele, wie man leichter in die Assoziationsphase kommt?

Da gibt es kein Patentrezept. Das Interesse, mit Partnerorganisationen in eine assoziative Verbindung zu treten und nicht nur zu sagen, die kaufen wir auf – also eine vertikale Fusion – sondern wir respektieren auch deren Eigenständigkeit, rechtlich und wirtschaftlich, wir kooperieren, wir haben vieles, das uns verbindet, darum geht es. Ich sage das deswegen, weil die Voraussetzung für ein gutes Gestalten einer assoziativen Beziehung darin liegt, dass ich Interesse daran habe, dass es dem anderen auch gut gehen möge. Stichwort: Brüderlichkeit. Daniel Jones hat dies «Destiny Relationship» genannt. Manche entdecken aus der Not, dass sie mit Lieferanten auf Gedeih und Verderb zusammengekettet sind. Wenn mein Lieferant nicht liefern kann, dann geht es auch mir schlecht. Die wechselseitige Abhängigkeit wird bewusst, wenn Lieferketten ins Stoppen geraten sind. In der (ersten) Lock-down-Phase konnte man das auf nationaler Ebene bei Italien und China sehen (später überall).

Also wir brauchen einander. Wir brauchen auch das Bewusstsein im Sinne von Destiny Relation, haben miteinander ähnliche Herausforderungen, ähnliche Interessen. Ich will mich auf den Lieferanten verlassen können, dass der mich nicht im Stich lässt und er will auch, dass ich ihn nicht im Stich lasse. Wie können wir das anders in Form bringen als bisher? Das ist die Frage.

Ich habe früher viel mit der Reifenfirma Continental gearbeitet. Wir haben damals assoziative Kooperationen mit den Achsenerzeugern entwickelt. Es ging dabei nicht nur um die Räder, sondern auch um Achsen und Bremsen, also um ein ganzes System. Und dabei war man auf die beste Qualität von den Erzeugern angewiesen.

BMW durfte ich bei der Entwicklung der Lackiertechnologie auf wasserlöslicher Basis begleiten. Die farbherstellende Industrie hatte damals Interesse, aus der «schwarzen Ecke» zu kommen, die da lautete: «Ihr seid die Giftsprüher der Gegenwart!» Alles, was aus ihren Lacken in die Luft und ins Wasser wanderte, das war wirklich verheerend. Die Farbhersteller hatten also Interesse, eine nicht ökologieschädliche Technologie zu entwickeln. BMW wiederum hatte den Bedarf, dass in ihren Werkstätten Blechschäden mit einer besseren Lackiertechnologie behoben werden sollten. Es hat sich herausgestellt, was Daniel Jones dargestellt hat: Wenn es keine vertrauenswürdige Kooperation gibt, dann muss man davon ausgehen, dass Investitionen in die Entwicklung unsicher sind. Man muss zur Sicherheit eine höhere Marge einrechnen. Der Preis steigt. Wenn ich aber einen Zehn-Jahres-Vertrag habe, kann ich auf Szenariovorstellungen hinarbeiten, wie der Automarkt in einer gewissen Anzahl an Jahren aussehen wird. Das führt zu einer ganz anderen Sicherheit in der Kunden-Lieferantenbeziehung. Ich muss keine zusätzlichen Risikofaktoren in die Preisstruktur einbeziehen. Also ersparen sich beide Seiten einiges. Es wird insofern auch ökonomisch rationaler. All das kann man, wenn man sich die Dinge genauer anschaut. Das ist das eine Ideal. Ein anderer Zugang liegt darin, wirklich unsere Rechner zur Hand zu nehmen und zu schauen, was ist deine Kostenstruktur, was ist meine und was wäre ökonomisch sinnvoll zu tun, wenn wir uns aufeinander verlassen können?

Vertikale Fusion = z. B. der Zusammenschluss eines Automobilherstellers mit einem Bremssystemlieferanten.

Destiny Relationship = eine Schicksalsgemeinschaft.

Daniel Jones = ein Professor an der Cardiff University für Ökonomie, Lean-Management-Experte und Autor von Wirtschaftsbüchern.

Das Verrückte, was ich derzeit erlebe, ist, dass ich mitunter höre: «Unsere Compliance-Richtlinien erlauben das nicht.», «Bei einer längerfristigen Bindung besteht die Gefahr einer ‚Packelei'.» und «Informationen über Kostenstrukturen dürfen bei uns sowieso nicht rausgegeben werden ...»

Aber das ist eben eine Compliance, die aus einem alten Denken entstanden ist. BMW hat auch eine umfassende Compliance. Man hat aber vereinbart, dass das, was im Verbund geschieht, an Informationen aus dem Verbund nicht rausgeht. Also BMW verrät anderen Lackproduzenten die neue ökologische Formel nicht. Das ist die chinesische Mauer, wie sie es genannt haben. Das ist eine andere Form der Compliance. Sie ist das Resultat einer Schicksalsverbundenheit zwischen Lieferanten und Kunden. Aber das muss man eben heute auch ansprechen und sich fragen: Wie müsste die Compliance ausschauen, wenn wir assoziative Beziehungen eingehen – und nicht, was ermöglichen uns die heutigen Compliance-Regeln?

Compliance = die Regeltreue von Unternehmen, also die Einhaltung von Gesetzen, Richtlinien und freiwilligen Kodizes.

Ein weiteres Schlagwort: «New Work». Ich habe mit Fritjof Bergmann vor einigen Jahren in einem Workshop zusammengearbeitet. Der Begriff stammt ja von ihm. Ich empfinde «New Work» als interessant, aber auch als ein Sammelsurium von Agil bis ...

«New Work» ist ein Containerbegriff, in den man alles hineinmischen kann. Es stellt sich die Frage: Ist das alles untereinander auch stimmig? Gibt es ein konsistentes Wertesystem dahinter?

Über «New Work» wird meist im Zusammenhang mit Digitalisierung gesprochen. Bei der Digitalisierung erlebe ich einen sehr neotechnokratischen Ansatz. Die Gefahr liegt in einer völligen Steuerbarkeit und Kontrollierbarkeit der Arbeit. Dahinter steht ein spezielles Menschen- und Kulturbild.

New Work = ein Konzept, das neue Arbeitsweisen der heutigen Gesellschaft im globalen und digitalen Zeitalter beschreibt.

Vor einiger Zeit hatte ich die Gelegenheit, mit dem Demeter-Altbauern Willi Erian über das Thema «Organismus» zu sprechen. Wir haben dabei Folgendes am Beispiel des menschlichen Organismus herausgefiltert: Jedes Organ ist an einer dafür richtigen Stelle platziert. Es agiert zweckgebunden zum Wohle des Ganzen. Kein Organ will sich selbst optimieren. Tut es dies, dann wird der Organismus krank.
In der Organisationsentwicklung sprechen wir von evolutionär, von systemisch, aber der Begriff «Organismus» wird kaum verwendet, obwohl es doch naheliegend wäre. Warum ist das so? Der Begriff «System» ist für mich nicht so weitreichend wie der Begriff «Organismus».

In meinem Buch *Dynamische Unternehmensentwicklung* bringe ich eine Übersicht über die Entwicklung der Organisationstheorie. Hier findet sich auch der «systemisch-evolutionäre» Organisationsbegriff, wie er am NPI und auch von Trigon verwendet wird. «Systemisch-evolutionär» kommt dem Begriff des Organismus schon näher. Aber ich habe Folgendes festgestellt: Der Begriff des Organismus ist bei vielen Fachleuten negativ besetzt. Ich denke, das hängt einerseits noch immer mit der Naziideologie zusammen, wo davon gesprochen wurde, das ganze Volk ist ein Organismus. Andererseits wird der Begriff des Organismus biologistisch im Sinne von: «Wer ist der Kopf? Wer ist unser Magen?» Das ist eine 1:1-Analogie, die aber nie mit Organismus gemeint ist, und wenn dann jemand sagt, «Ich bin der Arsch der Firma.», dann ist das konsequent weitergedacht. Der wirkliche Archetypus, das Urbild des Organisations-Organismus ist nicht die Analogie zu Kopf, Lunge etc., sondern die Analogie zu Funktionen. Weil ich gemerkt habe, dass der Organismus-Begriff negativ besetzt oder falsch verstanden wird, verwende ich ihn in meiner Arbeit kaum.

Ich weiß, dass Lievegoed, als er die ersten drei Phasen der Unternehmensentwicklung zum ersten Mal in der deutschen Übersetzung publizierte, von deutschen Fachleuten und Professoren einen großen Vorwurf bekam: Wenn er von einem «sozialen Organismus» spricht, dann sei das «biologistisch». Man könne ihm das als Arzt nicht übel nehmen, aber das habe nichts mit Organisation zu tun. Damals haben diese Leute noch nicht systemisch gearbeitet, denn sonst hätten sie verstanden, dass er damit was anderes gemeint hat. Im Laufe der Jahre hat sich das dann geändert und dieses Abwerten als «biologistisch», wo man sofort in ein Analogie-Denken kommt, hat aufgehört. Es gibt ja diese berühmte Rede von Cicero, mit dem Bild des römischen Volkes, wo es den Kopf gibt und ihr, das Volk, seid der Bauch. Da hat sich das Volk nicht unbedingt wertgeschätzt gefühlt. Übrigens: Jeder Organismus ist ein System, aber nicht alle Systeme sind Organismen.

Organismus = ein System, dessen Teile als «Organe» zu einem Ganzen zusammenwirken.

Systemisch = die Kunst, die dynamischen Wechselwirkungen angemessen zu verstehen.

Cicero = ein römischer Politiker, Schriftsteller, Philosoph (106 – 43 v. Chr.).

Das ist spannend! Also ich verwende den Begriff des Organismus auch in Bezug auf die Organe des Menschen …

Das kannst du schon. Zu beachten gilt jedoch: Der funktionelle Begriff ist der richtige, nicht der lokalisierende Organbegriff, wie: «Das ist der Kopf oder das ist die Leber.»

Das mit dem mit Hirn und dem Arsch, da steckt eine Wertung drinnen. In meinem Verständnis vom Organismus gibt es jedoch keine Wertung. Ich denke nicht, dass das Herz wichtiger ist als der Magen, sondern dass es vor allem auf das Zusammenspiel der Organe ankommt …

Ja, ein Organismus ist ein Zusammenspiel von Organen, die sinnvoll aufeinander bezogen sind.

In den Begriffen «evolutionär» und «Organismus» steckt für mich auch mehr Lebendigkeit als im Begriff «System». Dieser ist für mich kühler, rationaler. Wenn ich mit dem Begriff des Organismus arbeite, setze ich mich automatisch mehr mit dem Thema des Lebendigen auseinander. Beim Systemischen brauche ich das nicht so stark …

Das ist auch das Manko. Man merkt deutlich, ob bei jemandem ein systemisches Organisations-Verständnis, oder ein «organistisch-evolutionäres» Systemverständnis vorliegt.

Vor einigen Jahrzehnten wurde ich vom Gottlieb Duttweiler Institut in Zürich gebeten, bei einem großen Kongress über OE ein Referat zu halten. Ich saß im Bus zum Konferenzzentrum neben Ron Lippitt, dem amerikanischen Pionier der Organisationsentwicklung und bin mit ihm ins Gespräch gekommen.

Er hat mir ehrlich gesagt, er glaube nicht an Entwicklung: «Organization Development is a nice term, but ‹Entwicklung is Change›».

Das sagte mir jemand, der mit Büchern über «Organization Development» bekannt geworden ist. Wäre es dann nicht ehrlicher zu sagen, es ist nicht OE, sondern «Organization Repairing»? Eigentlich hat er ein mechanistisches Verständnis gehabt.

Ich war damals eingeladen worden, das anthroposophische OE- und Entwicklungsverständnis darzustellen. Mir ist keine Richtung bekannt, die so grundsätzlich und umfassend über Entwicklung nachgedacht hat wie die Anthroposophie – sei es im Individuum, in der Natur, in Kunst und Kultur oder menschheitsgeschichtlich. Auch Ken Wilber, der vieles aufgegriffen hat, ist bei den Entwicklungsfragen überhaupt nicht so in die Tiefe gegangen.

Ronald O. Lippitt (1914 – 1986) = ein US-amerikanischer Psychologe.

Ken Wilber (geb. 1949) = ein US-amerikanischer Autor und Begründer der integralen Theorie.

Globale Entwicklungen

Unsere Welt ist wieder mal im massiven Umbruch. Manche Änderungen vollziehen sich in rasender Geschwindigkeit, andere scheinen nicht vom Fleck zu kommen. Die wechselseitigen Vernetzungen und Abhängigkeiten in der Welt nehmen nicht nur unaufhörlich zu, sie werden auch immer deutlicher sichtbar.
Was läuft da gesamthaft gesehen – unter der Oberfläche – ab? Was ist von uns zu tun?

Du stehst knapp vor deinem 80. Geburtstag. Wenn du an die nächsten Jahrzehnte denkst, was siehst du, global gesehen, weltpolitisch, auf uns zukommen? Was sind die großen Themen, Herausforderungen, vor denen wir stehen? Welche «Worst Case-Entwicklungen» und «Best Case-Entwicklungen» siehst du? Was kommt auf uns als Menschheit zu? Welche Kräfte wirken da? Wovor müssen wir auf der Hut sein, welche Chancen ergreifen?

Vieles kennst du sowieso aus den täglichen Gesprächen …

Ich nenne mal: «Fridays for Future». Greta, die uns mit einer Entschiedenheit wachgerüttelt hat und die sagt, ich kann nicht anders. Dadurch wurde sie auch wahrgenommen und hat eine Bewegung ausgelöst. Jetzt ist das durch die Coronakrise etwas in den Hintergrund geraten. Es gilt: Aktuell müssen wir erst mal schauen, wie wir mit dem Virus zurechtkommen.

Was heißt das für uns, vor welchen Aufgaben stehen wir, damit unser Planet die «Enkeltauglichkeit» erhält und auch noch für die nächsten Generationen eine Lebensgrundlage bietet und sich die Zerstörung nicht weiter fortsetzt? Die ökologische Wende, die eigentlich notwendig wäre, das ist der größte Wandel, der ansteht. Wenn das gelingt, wenn man es ernst nimmt und wenn es auch zu Maßnahmen kommt, dann hat das Konsequenzen für die Menschen, die jetzt vor dem Hunger flüchten und nach Europa drängen. Sieh dir nur das Migrationsproblem an und die Idee von der Festung Europa. Oder der Kampf um Rohstoffe, der bis ins Militärische geht oder das Landgrabbing Chinas in Afrika und Südamerika …

Wenn man die ökologische Wende wirklich ernst nimmt, dann hätte das, wenn man das gut macht, auch Auswirkungen auf die jetzigen Konfliktpotenziale Wasser, Ernährung, Krankheit etc. Das wirklich Dramatische, Tragische oder Unfassbare, das mir immer so zu schaffen macht, ist, dass es nicht eine Frage ist, ob wir die Mittel dazu haben. Die sind da. Es ist vielmehr die Frage: Wie verwenden wir sie? Wie verteilen wir sie? Ich trage immer eine Notiz bei mir, die Jean Ziegler, als er noch der Chef der Welternährungsorganisation war, im Foyer des Sicherheitsrates hingehängt hatte. Das ist aus dem Jahr 2000. Er hat für das Jahr 2000 alle Militärausgaben auf der gesamten Welt, die für geführte Kriege benötigt werden, wie auch die sonstige Waffenproduktion, zusammengerechnet und kam dabei auf 780 Mrd. Dollar. Wieviel braucht es, um die Entwicklung alternativer Energien voranzutreiben? 50 Mrd. – Wieviel, um die Verschuldung der 49 ärmsten Länder zu beseitigen? 30 Mrd. – Und gegen die Erosion der Böden anzukämpfen? 24 Mrd. – Die Therapie für Aids, Maßnahmen gegen die Slums, die Unterernährung, also den Hunger; die Weltbevölkerung zu stabilisieren, also gegen Überbevölkerung; allen Menschen den Zugang zu Trinkwasser zu ermöglichen: 19 Mrd. – Gegen den sauren Regen anzukämpfen, die Erwärmung des Planeten zu verhindern, nukleare Rüstungssysteme abzubauen, die Zerstörung der Wälder zu stoppen, die Ozonschicht zu schützen, Flüchtlinge wieder zurückzuführen in ein lebenswertes Leben, den Analphabetismus zu beseitigen, den Aufbau demokratischer Einrichtungen voranzutreiben, die Tretminen zu beseitigen – alles das zusammen würde 250 Mrd. ausmachen, also ein Drittel der militärischen Ausgaben!

Wie schaut das EU-Budget aus? Der Wahnsinn ist, dass die NATO und Trump auch die europäischen NATO-Mitglieder so unter Druck setzen wollen, dass diese zwei Prozent ihres BIP in die Rüstung stecken. Da müsste man sagen, da machen wir nicht mit, weil sich außerdem gezeigt hat, dass die Rüstungserhöhung nicht Kriege verhindert, was ja der Sinn und Zweck wäre, sondern sie eigentlich provoziert. Das ist historisch belegt und keine Phantasie. Rüstungserhöhung hat zum Ersten Weltkrieg geführt und zum Zweiten auch. Und in der Zeit, in der die ständige Bedrohung der Atombombe nach dem Zweiten Weltkrieg als Damoklesschwert über der Menschheit hing, gab es ja weit mehr konventionelle Kriege als sonst, aber stellvertretend in den Ländern der Ärmsten, im Kongo, in Syrien. Wenn man ernsthaft an diesen Dingen arbeiten würde, würde das heißen, dass die Mittel der Kriegsführung entzogen und nicht noch erhöht werden müssen. Dadurch entstünde mehr Sicherheit und es könnten mehr Konfliktpotenziale beseitigt werden.

Fridays for Future = eine globale soziale Bewegung, ausgehend von Greta Thunberg. Schüler*innen und Studierende setzen sich für umfassende, schnelle und effiziente Klimaschutz-Maßnahmen ein.
Greta Thunberg (geb. 2003) = eine schwedische Klimaschutzaktivistin.
Jean Ziegler (geb. 1934) = ein Schweizer Soziologe, Politiker, Sachbuch- und Romanautor. Er gilt als einer der bekanntesten Kapitalismus- und Globalisierungskritiker.

Stell dir vor, Ursula von der Leyen, die gerade ihren wohlverdienten Urlaub in Österreich verbringt, würde dich empfangen und sagen: «Lieber Doktor Glasl, ich bin ganz mit Ihnen! Wir haben den ‹Green Deal› ausverhandelt. Dieser wird Europa in eine andere Richtung bringen …»

Nun, das steht auf dem Papier und ist jetzt auch gefährdet durch die finanziellen Stütz-Maßnahmen für die Corona-Pandemie. Aber die Frage ist doch, sind diese blödsinnigen Rüstungsausgaben von 2 Prozent, die Frau Merkel seinerzeit zugesagt hat, nicht daneben? Ich sehe keinen Grund, dass sich die EU als Militärmacht profiliert.

Ursula von der Leyen (geb. 1958) = die Präsidentin der Europäischen Kommission.
Angela Merkel (geb. 1954) = die Bundeskanzlerin der Bundesrepublik Deutschland.

Rudolf Steiner hat um 1900 gemeint: «Kehrt um!» – und trotzdem sind sie blinden Auges in den Weltkrieg reinmarschiert. Wenn ich mein Handeln anschaue und an die Aussage von Mahatma Ghandi denke, der gesagt hat: «Sei die Veränderung, die du möchtest.», dann merke ich, wie gespalten ich in Nachhaltigkeitsfragen bin zwischen Reden und Tun …

Vor mehr als 100 Jahren hatte Steiner die Dreigliederungsidee in die Welt gebracht, entwickelt am Urbild des Menschen: der dreigliedrige Mensch, mit der Geschwisterlichkeit in der Wirtschaft als assoziatives Arbeiten, mit der Freiheit im Geistesleben, mit der Gleichheit im politischen und rechtlichen Bereich. Es gibt natürlich kein einziges Beispiel, wo alle drei in guter Weise entwickelt sind. Aber es gibt so viele Ansätze, kleine Ansätze, die gar nicht den Anspruch erheben, jetzt die große Weltverbesserung zu sein. Diese Beispiele sind aber der Samen für die Zukunft. Ich habe bis vor zwei Jahren auch im Beirat der sozialwissenschaftlichen Sektion im Goetheanum mitgearbeitet. Der Leiter war damals Paul Mackay, jetzt ist es Gerald Häfner, der Gründer der Grünen in Bayern. Wir haben damals, als ich noch dabei war – ich bin da aus zeitlichen Gründen ausgestiegen – uns gefragt, was wir anlässlich der «100 Jahre Dreigliederung» tun wollen. Wir haben uns entschlossen, nicht hinzusehen auf alles, was versäumt worden ist, zum Beispiel im Weltkrieg, sondern haben Projekte und Beispiele aufgezeigt, wo Dreigliederung praktiziert worden ist. Das ermutigt. Es gibt wirklich viele Beispiele assoziativen Wirtschaftens oder Beispiele, mit Geld anders umzugehen. Die GLS-Bank ist entstanden oder die Triodos-Bank, die mehrere Innovationspreise für humanes, innovatives Banking bekommt. Es gibt andere Ökobanken, nicht nur anthroposophische, bei der viele Menschen aus der katholischen Welt sich sehr einsetzen und wo es darum geht, mit einem Zinsverzicht dazu beizutragen, dass ein Gewerbe in einem afrikanischen Land entsteht, mit dem sie sich selbst wieder am Leben halten. Es gibt so viele Beispiele und die Idee war, für die ersten 100 Jahre der Dreigliederung 100 gute Beispiele zu publizieren. Ich hatte es auch übernommen, mit Ibrahim Abouleish und seiner Sekem-Initiative zusammenzuarbeiten.

Manche dieser Beispiele werden schon wahrgenommen und haben sogar den Alternativen Nobelpreis oder von der UNO eine Auszeichnung bekommen, wie Sekem in Ägypten. Wie man die Wüste lebendig machen kann, das ist in vielerlei Hinsicht ein herzeigbares Beispiel von Ibrahim Abouleish, ohne Perfektionsanspruch. Es zeigt, wie heilbringende Prinzipien oder Werte, so gut es geht, verwirklicht werden. Und all das ist ausbaufähig.

Mahathma Gandhi (1869 – 1948) = ein indischer Rechtsanwalt und Pazifist, der zum geistigen und politischen Anführer der indischen Unabhängigkeitsbewegung wurde.

Die soziale Dreigliederung = nach Steiner eine Gesellschaft, die nicht zentral durch einen Staat oder eine Führungselite gesteuert wird, sondern wo es drei Bereiche gibt, für die jeweils besondere Prinzipien gelten: Für das Geistesleben die Freiheit, für das Rechtsleben die Gleichheit, für das Wirtschaftsleben die Brüderlichkeit.

Der Right Livelihood Award/«Alternativer Nobelpreis» = eine Auszeichnung «für die Gestaltung einer besseren Welt». Er wird seit 1980 jährlich vergeben. Seinen Stifter, Jakob von Uexküll, hat Trigon vor einigen Jahren nach Österreich zu Workshops eingeladen.

Sekem = eine-Initiative, die 1977 in Ägypten gegründet wurde. Es ging und geht um die Vision einer nachhaltigen Entwicklung durch einen ganzheitlichen Ansatz. Ökologie, Wirtschaft, Gesellschaft und Kultur werden gleichrangig betrachtet.

Ibrahim Abouleish (1937 – 2017) = ein ägyptischer Chemiker und Unternehmer, der sich mit seiner Sekem-Initiative für die soziale und materielle Entwicklung Ägyptens einsetzte. 2003 bekam er den «Alternativen Nobelpreis». Wir durften öfters mit ihm zusammenarbeiten, in Ägypten und in Österreich.

Verstehe ich dich richtig, dass die Aufgabe von uns allen heute darin liegt, einerseits sehr wach wahrzunehmen, was global abläuft, es gut zu durchschauen, also das mit den Rüstungsausgaben usw. und sich dann in seinem konkreten Einflussbereich zu engagieren, sei es bei Wahlen, im Beruf, in innovativen Initiativen?

Ja. Und nicht sagen, ach meine Beiträge verändern doch nicht das weltweite Finanzsystem. Natürlich verändert es dieses. Du kannst alternative Banken unterstützen und das wird seine Wirkung haben. Wobei diese auch auf der Hut sein müssen. Die große Versuchung liegt für sie darin, dadurch, dass sie so einen Zulauf haben, dass sie schlampig in der Zuteilung der Kredite werden und nicht mehr genau auf die Kriterien schauen. Der Erfolg macht sie oberflächlich. Bei der GLS hat man deshalb bewusst die Wachstumsgeschwindigkeit gebremst, obwohl sie pro Jahr 30 Prozent wachsen hätten können.

Wenn du dir die Triodos-Bank anschaust und welche Projekte sie unterstützen, dann kommst du auf Tausende von Fällen, wo Menschen in ihrem direkten Umfeld in Projekte investiert haben und damit Inseln einer anderen Kultur geschaffen haben. Sie haben sich nicht entmutigen lassen durch Menschen, die sagen, eure kleinen Beiträge verändern doch nicht das Finanzsystem.

Makro, Meso, Mikro = Begriffe aus den Sozialwissenschaften. Man unterscheidet die Makro-Ebene, bei der ganze Systeme (z. B. ein Staat) untersucht werden. Auf der Meso-Ebene stehen die Teile der Systeme, z. B. Parteien, Organisationen im Fokus. Auf der Mikro-Ebene interessieren dann z. B. Handlungen in der Familie, in Gruppen oder bei einzelnen Akteuren.

Nicanor Perlas hat am Beispiel der Schmetterlingsmetamorphose beschrieben, wie sich Imagozellen vermehren und dazu führen, dass ein System blitzschnell von einem neuen abgelöst wird …

Lievegoed hat immer für Kulturinseln oder Wirtschafts- oder soziale Inseln plädiert. Das Problem ist oft, dass solche innovativen Initiativen besonders konfliktanfällig sind. Sowohl beim NPI, aber auch bei Trigon wurde ich von Menschen oft gebeten, bei Konflikten zu helfen. Geisteswissenschaftlich gesprochen, schauen die Widersachermächte interessiert auf innovative Initiativen hin. Wenn es ihnen gelingt, diesen Initiativen Schwierigkeiten in den Weg zu legen, dann kommt es zu keiner Veränderung. Ich sage dann zu den Initiativen: «Also, ihr seid sehr interessant für die Widersachermächte. Ihr könnt beinah stolz sein darauf. Ihr werdet wahrgenommen. Aber jetzt ist die Frage, wie arbeitet ihr an euch und miteinander, sodass ihr erkennt, wo jetzt in euch ganz konkret diese Widersachermächte zum Leben kommen? Denn die kommen durch uns zum Leben.»

Diese vielen, vielen innovativen Beispiele, die es gibt, müssen gar nicht erst aus der anthroposophischen Welt kommen, obwohl viele von dort kommen.

Ich habe dir erzählt, dass der deutsche Soziologieprofessor Fritz Vilmar – er hat auch über Demokratisierung in der Industrie geschrieben – mir sagte, dass er seit Jahren auf der Suche nach Positivbeispielen für soziale Innovationen sei und dabei immer wieder auf Anthroposophen gestoßen sei: Neutralisierung des Kapitals, ökologisch nachhaltig wirtschaften usw. Er war kein Anthroposoph.

Also ja, viele Initiativen können zu Systemwandel führen.

Imagozellen = eine neue Art von Zellen, die die Raupe in ihrem Verpuppungsstadium bildet, wenn die Zeit gekommen ist. In diesen Zellen sind bereits alle Anlagen des künftigen Schmetterlings vorhanden. Norie Huddle, eine amerikanische Biologin, nennt diese Zellen «Imagozellen».

Nicanor Perlas (geb. 1950) = ein philippinischer Soziologe und Umweltaktivist. Er ist Träger des Alternativen Nobelpreises. Wir durften mit ihm bereits Workshops durchführen.

Fritz Vilmar (1929 – 2015) = ein deutscher Professor der Soziologie.

Digitalisierung, Automatisierung, künstliche Intelligenz. Da rollt momentan eine gigantische Welle ab …

Für mich ist es so: Die neuen Technologien kann ich so oder so verwenden. Dank dieser Technologie kann z. B. morgen jemand eine gesunde Niere bekommen, das ist wirklich unglaublich, was da möglich ist. Und andere Dinge, all das wäre ohne diese Technologien nicht möglich. Das andere ist eben, wie verändert sich das direkte Arbeitsfeld der Menschen, der Handarbeiter, der Kopfarbeiter – und ich habe das Stichwort schon eingebracht – in dieser «neotechnokratischen Welle»?

Es gibt ja immer diese Wellenbewegungen: Liberalisierung, Demokratisierung, dann wieder der Gegenpol. Es ist wichtig, das Pendeln sehen zu können: regressiv, progressiv. Und insofern denke ich, wird momentan die Propaganda, die Werbung für die Digitalisierung sehr einseitig vorangetrieben und nicht ehrlich thematisiert, siehe das Beispiel 5G. Es wird auch zu wenig diskutiert, welche Auswirkungen die Digitalisierung auf den Arbeitsmarkt hat. Und die hat sie ohne Zweifel, so, wie die Automatisierung auch Konsequenzen hatte, die erste Welle und die zweite Welle …

Das einseitige Betreiben der Verheißungen der Digitalisierung finde ich sehr problematisch. Wenn man die Digitalisierung immer wieder reduziert auf: Es wird dann billiger und schneller für bestimmte Leute. Aber was ist über diesem Mikro- oder vielleicht noch Meso-Bereich hinaus an Makro-Auswirkungen da? Wie gehen wir damit um? Das wird ausgeblendet und ich bin überhaupt kein Anhänger von Verschwörungstheorien, aber ich meine, dass das absichtlich geschieht.

Damit keine Zweifel aufkommen, keine Skepsis aufkommt, wird es eher so verkauft: Wenn Österreich führend wird, weil es 5G erlaubt und in jedem Nest Internet-Anschlüsse möglich sind, dann haben wir einen Vorsprung gegenüber anderen Ländern, die noch nicht so weit sind. Das fördert den Wirtschaftsstandort Österreich. Das ist die eine Seite. Aber die andere Seite wird ausgeblendet: Welche Interessen da eine Rolle spielen – und das sind jetzt keine Phantasien oder Projektionen von mir, wenn es um Weltkonzerne geht, die da in den Besitz von Daten kommen. Wenn ich z. B. mit der Kreditkarte zahle, wird das sofort registriert. Man registriert mein Konsumverhalten. Es geht in Richtung Fremdsteuerung, Überwachung und Manipulation.

Ich mache bei Facebook nicht mit, weil bekannt ist, dass da alles verwertet wird. Du likest Dinge und dann erhältst du ganz gezielt Werbung, weil andere Leute, die das auch geliked haben, dieses und jenes gekauft haben … Da bist du innerhalb einer Blase. Das ist das eine, wo das Konsumverhalten auf diese Weise gezielt beeinflusst bis manipuliert wird, aber das andere ist die Urteilsbildung der Bürgerinnen und Bürger für politische Fragen. Auch hier finden Blaseneffekte statt. Wo die Leute dann nur mehr mit der Information bedient werden, die eben ihrer schon gewählten Auffassung entspricht und die sich damit wieder verstärkt. Und nimm die künstliche Intelligenz, die Algorithmen, die dahinterstehen, die entscheiden, wer kriegt was usw.

Es ist wirklich äußerst problematisch, wenn es darum geht, im Sinne der Mündigkeit von urteilsfähigen Bürgerinnen und Bürgern in einer Demokratie, dass sie durch demokratische Entscheidungen auch etwas zur Gestaltung ihrer Gesellschaft oder, noch weiter, der Welt beitragen und dabei gar nicht wissen, wie sehr sie in ihrer Urteilsbildung gesteuert werden.

Das finde ich ein großes Problem und wenn du denkst, was da bei den Wahlkampagnen für Trump gespielt hat, wie da Russland auch reingefunkt hat. Oder bei anderen, wie auch die Bots, diese Automaten, die Roboter, da tätig sind, um irgendetwas in die Vorstellungswelt der Leute zu bringen. Also diese sehr umfassende Steuerungsmöglichkeit ist wirklich grauenhaft. Und damit die Manipulationsmöglichkeit.

Da gibt's schon sehr weitreichende technologische Möglichkeiten, die Willensfreiheit und freie Entscheidungen zu umgehen oder einzuschränken. Also das eine ist, Entscheidungen der Maschine zu überlassen und gleichzeitig den Menschen so zu bearbeiten, dass er meint, er hätte entschieden. Im Grunde hat er es aber nicht entschieden.

Das Programmieren von Hirnen scheint möglich, wenn man in Naomie Kleins Buch von der Schockstrategie liest. Das ist ein Wahnsinn, was die da schreibt und belegt mit Protokollen des US-Senats etc. Wie in den USA mit der Schocktherapie diese neoliberale Ideologie eingeführt wurde und in Südamerika, wie Staatsstreiche hervorgezaubert werden. Individuen werden in Schock versetzt und über Deprogrammieren ganze soziale Systeme korrumpiert. Corona hat auch Schockaspekte.

Künstliche Intelligenz = ein Teilgebiet der Informatik, das sich mit der Automatisierung intelligenten Verhaltens und dem maschinellen Lernen befasst.

5G = ein Mobilfunkstandard, der seit 2019 an Verbreitung gewinnt.

Naomi Klein (geb. 1970) = eine kanadische Journalistin, Globalisierungskritikerin und politische Aktivistin.

Schockstrategie = eine Strategie, mit der Schocks wirtschaftlicher oder militärischer Art und Naturkatastrophen dazu genutzt werden können, über politischen Einfluss Privatisierungen im Sinne des Neoliberalismus gegen den politisch artikulierten Willen der Mehrheit der Bevölkerung durchzusetzen.

Ich bin unlängst auf zwei Bücher gestoßen, eines von James Lovelock, der davon ausgeht, dass es in nächster Zukunft zu einer Verschmelzung von Mensch und Maschine kommt. Er spricht in diesem Zusammenhang von der neuen Gattung der Cyborgs. Und ein zweites Buch von Nicanor Perlas, der vor einer Artificial

Intelligence warnt, die eine Eigendynamik entwickelt und sich der menschlichen Steuerung zusehends entzieht. Anthroposophen werden dazu vermutlich sagen, Ahriman wähnt sich am Ziel. Die Technokratisierung der Welt, die Übergabe von Entscheidungen an Maschinen, etc. Müssen wir da nicht extrem wach bleiben? Und eigentlich sind wir nicht wach …

Entwickelt sich Ahriman oder Luzifer? Oder ist es eine Verstärkung beider? Also, die könnten sich entwickeln. Sie sind ja auch von den Menschen abhängig. Ob wir sie zulassen und ihre Kräfte, also die ahrimanischen Kräfte für Nierentransplantation verwenden, für humanitäre Zwecke, hängt von uns ab. In diesem Fall sagen wir danke, Ahriman, dass du uns das tatsächlich möglich machst. Wir verwenden die Kraft in diesem Fall nicht zur weiteren Entmenschlichung, sondern zur Vermenschlichung. Also das ist das, was Rudolf Steiner auch immer wieder betont. Das ist das, was wir den Gegenkräften abringen. Wir können sie nicht vermeiden. Wir müssen uns mit ihnen auseinandersetzen, ihnen was abringen und schauen, ob sie wieder in dem Bereich tätig werden können, in dem sie eigentlich dem Sinn der Schöpfung nach auch geschaffen worden sind. So wie der Ahriman, dessen Funktion es ist, das Absterben und auch das Verblühen zu bewirken, das Kristallisieren und das Mineralisieren. Sein Reich wäre im Mineralischen, aber wenn er jetzt auf das Seelische übergreift, tote Gedanken schafft, dann schreitet er über seinen ihm zugemessenen Bereich hinaus. Wenn es uns wieder gelingen würde, seine Todeskräfte in den Bereich zu bringen, wo sie hingehören, wäre dies vorteilhaft. Mit dem, was er uns im Denken und an Technologie ermöglicht, können wir andere Dinge tun. Das muss man auf einer ganz anderen Ebene durchschauen können: Welches Geisteskind ist das? Was sind, weitergedacht, die Folgewirkungen? Was wird damit eigentlich in die Welt gesetzt werden?

James Lovelock (geb. 1919) = ein britischer Wissenschaftler und Begründer der Gaia-Hypothese. Diese betrachtet die Erde und ihre Biosphäre wie ein Lebewesen.
Ahriman = laut Steiner der Führer von mächtigen, geistigen Widersachermächten, die die Menschen materialistisch inspirieren, nach Besitz und Macht zu streben und die technische Entwicklung so zu lenken, dass der Mensch selbst immer mehr zum Roboter wird.
Cyborgs = ein Mischwesen aus lebendigem Organismus und Maschine.

Waren die USA lange Zeit die dominierende Weltmacht, scheinen sie von China abgelöst zu werden. Ich habe bei Lievegoed gelesen, dass aus dem asiatischen Raum ein heftiger Konflikt kommen soll, der aus europäischer Sicht hoffentlich über den Pazifik und nicht über Europa ausgetragen werden wird.

Lievegoed hat tatsächlich darüber geschrieben, dass die bisher dominante Weltmacht USA von China abgelöst wird, und dies nicht kampffrei.

Das Landgrabbing Chinas in Afrika oder Südamerika, um sich Grundlagen für die Lebensmittelproduktion ihrer Bevölkerung zu sichern, ist ja schon seit langer Zeit im Gange. Und dann ist China auch im Besitz seltener Erden, die heute für die Digitalisierung nötig sind. Sie haben also eine gewisse Machtstellung durch ihre Monopolsituation erlangt. Lievegoed war da sehr explizit. Ich habe Stellen von Lievegoed, der sich wieder auf Steiner bezieht, der damals auch schon auf das Spannungsfeld USA – China hingewiesen hat, damals, als noch nichts dergleichen wie jetzt im Gange war.

Wo Konfliktszenarien weltpolitisch bestehen, wo es um die materiellen Grundlagen wie Erde, Land, Ackerbau und Landwirtschaft geht, da forcieren die Mächtigen ihre Hegemonialbestrebungen.

Ein Rückblick: Das deutsche Kaiserreich wollte unbedingt zur See mit Großbritannien mithalten, um seine kolonialen

Ambitionen leben zu können. Frankreich und England waren bis dahin die Kolonialmächte erster Ordnung. Diese Hegemonialtendenz, dieses Konkurrenz-Denken, wer ist der Mächtigere, der Schönere, der Intelligentere, der Erfolgreichere, das kommt immer wieder auf in einer bipolaren Gesellschaft. Wenn es drei sind, ist es schon wieder besser. Aber wenn es zwei sind, spitzt es sich meistens zu und führt auch in kriegerische Auseinandersetzungen. Das ist etwas, auf das Lievegoed und Steiner immer wieder hingewiesen haben. Da wird sich ein Machtkampf zwischen denen, die bisher die Machtposition hatten, abspielen. Die Mächtigen fürchten, es wird ihnen etwas genommen und wollen das Bestehende verteidigen. Da, wo es bipolar ist, kommt es immer wieder zu kriegerischen Handlungen, in die andere mit einbezogen werden. Die Kriegsgefahr konnte aber oft ausgeglichen werden, nicht, weil A oder B mächtiger waren, sondern weil es auch noch C gab, der auf eine gewisse Seite noch abschwächend wirken konnte und eine dritte Macht darstellt. Das wäre auch, was die EU, was Europa in diesem Spannungsfeld sein könnte.

Hegemonie – im Griechischen «Führung». Man versteht darunter die Vorherrschaft eines Staates gegenüber einem oder mehreren anderen. Die Überlegenheit kann militärisch, wirtschaftlich oder kulturell begründet sein.

Um nochmals auf die Assoziationsphase zurückzukommen: Die Story Chinas für die neue Seidenstraße klingt ganz nach Assoziationsphase: «Wir streben einen Win-Win für alle an.» Xi Jinping spricht von Völkerzusammenarbeit und dass sich die Länder entlang der Seidenstraße als Schicksalsgemeinschaft verstehen und Verantwortung füreinander und für die gemeinsame Weiterentwicklung tragen. Alle sind Teil einer großen Geschichte. Wenn man nicht wüsste, wie autoritär das Regime ist …

Wobei das ja richtig sein kann. Die Frage ist schon, wem ist das ein Dorn im Auge?

Da aber China bis zur Gesichtserkennung und totalen Kontrolle der Bürger ein enormes Herrschaftssystem hat, ist die Frage, ob das dann über diese Seidenstraße exportiert wird oder auch nicht? Wer argumentiert dafür und wer polemisiert dagegen? Die USA unter Trump drohen mit Sanktionen gegen Europa, wenn wir mit Russland die Gasleitung machen. Wieso hat Amerika darüber zu entscheiden, ob Europa sich nicht nur von Amerika abhängig macht, sondern auch von Russland oder China?

Ich wurde 1974 eingeladen, etwas über die Konflikte der nächsten 10 bis 20 Jahre zu veröffentlichen. Da habe ich dann einen Artikel über die Konflikte in einer Zeit geschrieben, wenn der Kalte Krieg zu Ende geht, die NATO eine Partnerschaft für den Frieden sucht, auch mit Russland, und sie bei Manövern gegenseitig als Beobachter teilnehmen. Da war ich sehr hoffnungsfroh.

In dem Artikel habe ich dann darauf hingewiesen, dass es, je stärker die EU werden wird (die EU war damals erst im Werden), desto mehr wird das für die USA ein Problem im westlichen Bündnissystem sein und damit im Wirtschaftssystem. Meine Prognose war, dass es zu massiven Handelskriegen zwischen Europa und den USA kommen wird, was ja in den letzten Jahren auch passiert ist. Trump war einer der Betreiber. Wer führend in der Wirtschaft ist, birgt in sich auch ein enormes Konfliktpotenzial, bis zu militärischen Auseinandersetzungen. Unter Umständen kann es auch zwischen den USA und Europa zu Kriegen kommen, nicht auf dem Atlantik, aber stellvertretend bei den Armen in Afrika, weil es um die Grundstoffe geht. Der Kongo wird immer noch ausgebeutet bis zum Gehtnichtmehr und zerrissen durch die Weltmächte und die Käuflichkeit der dort Herrschenden. Die lassen sich genauso gut von China kaufen wie von den USA.

Wenn es so eine Hegemonialdynamik gibt, die sich zwischen zweien abspielt und die dann etwas Kriegstreibendes hat, da ist es eben besser, noch eine dritte oder vierte Macht im Spiel zu haben, um immer wieder der Dominanzposition eines der Blöcke ein Gegengewicht entgegenzusetzen.

Übrigens hoffe ich, wir begegnen heute Ursula von der Leyen zufällig im Gasthof ... ☺

Neue Seidenstraßen = ein gigantisches Projekt. Unter der Bezeichnung «One Belt, One Road» werden seit 2013 Projekte zum Auf- und Ausbau von Handelsbeziehungen und Infrastrukturnetzen zwischen China und über 60 Ländern von China gebündelt.

Hat dich die Corona-Pandemie überrascht? Hattest du so etwas auf deinem Radar? Obwohl Bill Gates schon ein Jahr zuvor darüber gesprochen haben soll – ich war völlig überrascht. Wie fragil alles ist und wie schnell sich Dinge kurzfristig verändern können, die als unveränderbar gegolten haben. Die Wirtschaft wird niedergefahren. Kein Flugzeug am Himmel zu sehen. Was ist aus geisteswissenschaftlicher Sicht dazu zu sagen, dass das gerade jetzt passiert – nicht zehn Jahre früher und auch nicht später? Was sagt uns das oder dir?

In meinem Denken steht die Frage im Vordergrund: «Wie gehen wir damit um? Und nicht, woher kommt's und wie ist es entstanden? Wie gehen wir damit um? Was löst das an Handlungen aus?» Und denken wir weiter, was das an Folgen hat, so wie ich es schon bei der Digitalisierung gesagt habe. Im Sinn von Max Weber reicht heute, bei einer derartig vernetzten Welt, eine Gesinnungsethik «Ich habe es ja gut gemeint ...» nicht aus, sondern wir brauchen eine Ethik der Handlungsverantwortung. Nicht Gesinnungsethik, sondern Verantwortung für die Folgen unseres Tuns. Wir müssen uns Fragen stellen, wie:

«Was ist mein Anteil an den Folgen?», «Was wird dadurch möglich?», das scheint mir konstruktiv zu sein.

Nehmen wir die Pandemie: Erst werden Ängste geschürt und dann Hoffnung geweckt: Der Impfstoff, der löst die Probleme. Ein Wettlauf der verschiedenen Firmen und Länder beginnt. Wer schafft den ersten wirksamen Impfstoff? Milliarden werden der pharmazeutischen Industrie angeboten, um einen Impfstoff schnellstmöglich zu entwickeln, sich die Patentrechte zu sichern und weiter herrschen zu können. Sind das die Folgen, die wir wollen, oder wie anders könnten wir damit umgehen? Das ist für mich die wirklich entscheidende Frage.

Wenn das eine Pandemiekrise ist, gilt es, die Gefahren und die Chancen zu erkennen. Aber sind wir ehrlich: Die ganzen Maßnahmen wurden sehr einseitig, mit den besten Absichten – dem Schutz der Bevölkerung vor Ansteckung – gesetzt. Menschen sind aber auch daran gestorben, weil sie keine Kontakte mehr hatten und vereinsamt sind. Da war dann nicht Corona die Todesursache, sondern die gesellschaftliche Sanktion der Corona-Epidemie. Wo eben dieses reduktionistische Denken von Gesundheit lebt, wo es nicht um Salutogenese geht, wofür Michaela Glöckler auch ganz stark plädiert, sondern wo Krankheiten nur bekämpft werden, da wird es einseitig. Ebenso wichtig sind Fragen, wie: «Wie stärken wir das Immunsystem?» Da kommt es auf gesunde Ernährung an, auf gute Luftqualität, Wasserqualität, keine Strahlenschäden durch Funksysteme oder Bodenvergiftung durch die Pestizide etc. Das, was ich wahrnehme, ist, dass sehr stark in die Richtung des Reduktionistischen agiert und auch gedacht wird. Das ist eine große Bewegung. Während es andere gibt, die neue Wege beschreiten, wo es darum geht, mit der Herausforderung der Pandemie so umzugehen, dass es zu einer anderen Art von sozialem oder Gesundheitsverständnis kommt.

Im Radiokolleg war ein interessanter Beitrag, in dem sie

Miniwerkstätten für neue Zukunftsmodelle vorgestellt haben. Sei es Urban Gardening oder Stadtimkereien ...

Bill Gates (geb. 1955) = ein US-amerikanischer Unternehmer, Programmierer und Mäzen.
Max Weber (1864 – 1920) = ein deutscher Soziologe und Nationalökonom.
Reduktionistisch = die Betrachtung von Einzelelementen und das Außerachtlassen der Verflechtungen im Ganzen.
Michaela Glöckler (geb. 1946) = eine deutsche anthroposophische Kinderärztin.
Urban Gardening = eine Lebensmittelproduktion in städtischen Ballungsgebieten und deren unmittelbarer Umgebung für den Eigenbedarf der Region.
Stadtimker = Menschen, die sich bemühen, dem Bienensterben entgegenzuwirken. Sie organisieren und betreuen Bienenvölker-Standplätze in der Stadt.

Ich habe in letzter Zeit viele Videokonferenzen abgehalten. Neben den überraschend positiven Erfahrungen habe ich aber gemerkt, dass da auch einiges verloren geht. Innovationsideen aufgrund lockerer Nebengespräche gibt es kaum. Spannungen und Konflikte sind auch nicht so leicht zu bearbeiten ...

Ich habe mit der Hochschule in Bern und in Holland auch mit virtuellen Zugängen gearbeitet, auch mit hybriden Formen. Es gibt bestimmte Dinge, die funktionieren und es gibt auch wieder Grenzen, was nicht möglich ist, z. B. Konflikttrainings im Sinne von Handlungsfähigkeit und Interventionsfähigkeit. All das geht nicht so gut. Und es gibt ja die Erfahrungen mit virtuellen Teams schon seit längerer Zeit, seit es Telefon- und auch Videokonferenzen gibt. Das gibt es ja nicht erst jetzt. Ich habe in Kanada mit zwei Pionieren der Teamentwicklung, dem Ehepaar Stamp, über «Telekommunikation», zu tun gehabt. Die beiden haben Untersuchungen gemacht und entdeckt, virtuelle Teams funktionieren dann, wenn es einmal eine Phase des persönlichen Face-to-Face gegeben hat. Wo eben der Small Talk, auch wenn er nichts mit dem Thema zu tun hat, möglich ist. Da entstanden Beziehungen auf einer wichtigen Ebene. Später, wenn man einander zuvor schon begegnet ist und sich dann virtuell trifft, kann man ganz anders mit Spannungen umgehen, die rein durch thematische Differenzen oder Sachdifferenzen entstehen. Man erkennt früher, wenn etwas auf der Beziehungsebene als Störung sichtbar wird, weil man eine andere Wahrnehmung hat, an die man anknüpfen kann. Also es braucht auch die Begegnung Face-to-Face.

Wenn man eine Beziehung nur auf virtuellem Wege aufbauen würde, spielt von vornherein das Reduktionistische eine Rolle. Auch wenn du heute die Körpersprache gut wahrnehmen kannst, soweit die Kamera zumindest nicht nur redende Köpfe ins Bild bringt.

Wir sammeln jetzt auch Erfahrungen in der Welt der Mediation, eben Online-Mediation. Wo geht's, wo sind die Grenzen und wo ist eine direkte Begegnung unverzichtbar? Anthroposophisch gesehen kann man sagen, es passiert ja viel mehr, was gar nicht mit den normalen Sinnen wahrgenommen wird, weil sich unsere «Hüllen» berühren oder auch durchdringen, wie die Empathieforschung gezeigt hat. Der sogenannte «Astralkörper», der «Empfindungsleib» ist ja größer als der physische Körper.

Wir haben dafür Wahrnehmungsorgane, die uns meist nicht bewusst sind und die sogenannte Felddynamikwahrnehmungen ermöglichen. Kurt Lewin hat schon vor seiner Emigration aus Berlin versucht, diese Dynamiken zu erforschen. Später hat es die Gruppendynamik aufgegriffen. Bei den Systemikern ging es wieder verloren. Welche Fähigkeiten der Wahrnehmung entwickle ich? Und nicht nur: Wie kann ich systemisch kognitiv denken? Gefühle sind eine Realität, Gedanken sind Realitäten, auch wenn ich sie nicht ausspreche. Sie sind eine geistige Realität, die im Raum ist und nicht nur in meinem Hirnkasten gefangen.

Wollen wir das: Ich reduziere dich auf einen Luftschallwell-produzierenden Menschen, den man mit einem technischen Medium zu mir transportieren kann? Ich möchte nicht, dass unsere Gemeinschaft oder unser Zusammenleben nur mehr auf die übliche sinnliche Wahrnehmung reduziert wird. Mich würde es interessieren – ich weiß nicht, ob es schon Forschungen gibt, ob tatsächlich über die neuen Medien die Spiegelneuronen ansprechen.

Empathie = die Fähigkeit der Einfühlung in die Gefühle anderer Menschen, Mitgefühl – ermöglicht durch die Spiegelneuronen.

Spiegelneuronen = ein Resonanzsystem aus Nervenzellen. Im Gehirn zeigen sich beim «Betrachten» eines Vorgangs bei jemand anderem die gleichen Aktivitätsmuster wie bei einer eigenen Ausführung.

Astralkörper = der Leib des Menschen, in dem alles Seelische enthalten ist (haben auch Tiere).

Kurt Lewin (1890 – 1947) = ein deutscher Sozialpsychologe, der ein Phasenmodell für Veränderungen entwickelt hat.

Gruppendynamik = ein Begriff, der vom Psychologen Kurt Lewin geprägt wurde und darauf verweist, dass eine Gruppe kein statisches Gebilde ist, sondern entsteht, und sich verändern, ergänzt werden und zerfallen kann.

Wenn ich radikal weiterdenke, braucht es keine Live-Veranstaltungen mehr. Ich sehe mir den «Jedermann» live im Fernsehen an. Das Fußballmatch ebenso …

Bei einem Gespräch mit Franz Welser-Möst, das Barbara Rett geführt hat, hat er von seinen Erfahrungen berichtet. Sie haben jetzt bei Corona auch vor einem leeren Saal gespielt und das geht eigentlich nicht so gut. Du brauchst die physische Anwesenheit des Publikums, nicht, weil applaudiert wird, aber weil da etwas im Zwischenraum der Beziehung entsteht. Und diese Erfahrung, die haben vor allem Musikerinnen und Musiker jetzt gemacht.

Im Fernsehen habe ich einen Kabarettisten erlebt, wie er versucht hat, eine Pointe zu setzen. Es waren keine Zuseher in der großen Halle. Er sprach nur in die Kamera rein. Er hat dann nicht mehr weitermachen können …

Ein Kollege wollte gerne, dass ich einen Vortrag über Lebensphasen halte. Ich sagte ihm, ich kann nicht in die Kamera sprechen. Da müssen mir Menschen leibhaftig gegenübersitzen, dann geht es.

WEISH

Geisteswissenschaft

Die Geisteswissenschaft, die Anthroposophie, begründet von Dr. Rudolf Steiner, ist für die Mehrzahl der Menschen nichts, womit sie sich beschäftigen. Kommt man doch mit ihr in Berührung, wird sie zumeist als weltfremd abgestempelt. Zu radikal, zu abstrus, zu antiquiert scheinen ihre Aussagen zu sein. Eine unsichtbare Welt mit geistigen Wesen, Karma, Vorgeburtliches, Nachtodliches, Wiedergeburt usw., das kann nur weltfremd sein. Dabei wird kaum hingeschaut, ob es sich um eine nebulöse esoterische Richtung handelt oder um eine seriöse Geisteswissenschaft. Wie auch immer, Rudolf Steiner zählt für mich zu den bedeutendsten und inspirierendsten Österreichern und Weltbürgern Ende des 19. und Anfang des 20. Jahrhunderts. Seine nicht leicht verständlichen Botschaften könnten nicht nur eine hohe Bedeutung für unsere aktuelle Zeit haben, sie weisen auch weit in die Zukunft.

Warum kennen so wenige Menschen den Namen «Rudolf Steiner»?

Ich habe festgestellt, dass es zu seinem 150. Geburtstag – 2011 – eine Welle von Veranstaltungen und Ausstellungen gab, die zu seiner Bekanntheitssteigerung beigetragen haben. Es gab Reaktionen. Das Echo in den Medien war erstaunlich positiv. Dieser festliche Anlass hat weite Kreise gezogen. Was davon haften bleibt, kann ich nicht sagen. Aber die Tatsache, dass es ihn gegeben hat und er viele innovative Impulse gesetzt hat und natürlich von manchen auch als Spinner bezeichnet wurde, ist unbestritten.

Aber warum er z. B. in der Philosophie beinahe unerwähnt bleibt, das kann es nicht geben. Zu Lebzeiten war er in Philosophenkreisen als Redner gefragt. Christina Kahlhammer, eine Eurythmistin, hat einem bekannten Wiener Philosophen und Autor für Konfliktmanagement von Steiner erzählt und ihn auch etwas lesen lassen. Er war dann fasziniert und sagte, er möchte die gesammelten Werke von Steiner haben. Da fragte sie ihn: «Wissen Sie, wie viele das sind?» – Es sind über 350 Bände.

Es ist, als würde man Rudolf Steiner bewusst totschweigen.

Werke Rudolf Steiners = Sammlung von 354 Bänden und 5.611 Vorträgen, von denen 4.500 mitstenographiert und später gedruckt wurden.

Eurythmie = eine Bewegungskunst, die von Rudolf Steiner entwickelt wurde. Clara Smith fragte 1912 Rudolf Steiner, ob es eine sinnvolle Bewegungsart auf anthroposophischer Grundlage für ihre Tochter gebe. Dies war der Auslöser. Das griechische «eu» bedeutet «schön» und «rhythmos» eine harmonische geordnete Bewegung.

Ich habe in Wien das kleine Viktor-Frankl-Museum besucht und war im Haus von Sigmund Freud. Ich vermisse aber eine große Dauerausstellung von dem meiner Meinung nach bedeutendsten

Österreicher. Wo ist das «große Rudolf-Steiner-Haus»? Ein Ort, an dem Menschen eine Hinführung zu seinem unglaublichen Werk bekommen? Millionen von Touristen kommen nach Wien. Aber Steiner, das geht an ihnen vorbei.

Im Park beim Hauptbahnhof gibt es ein Steiner-Denkmal, das hat die anthroposophische Bildhauerin Elisabeth Oling-Jellinek aus der Schweiz gemacht. Ich war mit Lievegoed 1970 in Wien. Er war bei einem Kongress in der Hofburg eingeladen und ich war sein Assistent. Bei der Gelegenheit habe ich ihm ein paar Orte gezeigt, an denen Steiner war. Wir sind auch nach Brunn am Gebirge gefahren, wo er eine Zeit lang gelebt und die *Grundlinien einer Erkenntnistheorie der Goetheschen Weltanschauung, mit besonderer Rücksicht auf Schiller* geschrieben hat. In diesem Haus, wo die Steiner-Familie gewohnt hat, dort waren wir also. Man musste sich den Schlüssel beim Nachbarn holen. Jetzt ist das Haus besser zugänglich. Wir läuteten bei dem Nachbarn und ein alter Mann kam heraus. Als ich unsere Namen genannt hatte, fragte er Bernard: «Sind Sie der Professor Lievegoed aus Holland?» Dieser Mann war ein Anthroposoph und Apotheker in Brunn am Gebirge. Er hat erzählt, seine Eltern haben immer da gewohnt und sie waren auch die Nachbarn von Steiner. Da gibt es also eine kleine Gedenkstätte.

Elisabeth Oling-Jellinek (1915 – 2007) = eine freischaffende Malerin. Sie hat 1981 die Gedenkstätte für Rudolf Steiner mit Michael Georg geschaffen.

Ich kann mir seine Unbekanntheit schwer erklären. Gibt es Kräfte, die seine Bekanntheit verhindern wollen? Warum gibt es so wenige Menschen, die sich deutlich für ihn einsetzen?

Viele sind sehr zurückhaltend, Steiner zu erwähnen …

Ich verwende den Begriff «Anthroposophie» kaum, dafür aber den Begriff «Geisteswissenschaft». Das hilft mir in Gesprächen, nicht sofort eine «populistische Esoterikdebatte» führen zu müssen, sondern auf eine konstruktivere Diskussionsebene zu gelangen.

Lievegoed hat immer gesagt, Sektierertum ist Antworten zu geben, Antworten auf Fragen, die nicht gestellt wurden.

Sektierertum = verwandt mit dem Wort «Sekte» und bedeutet «abspalten».

Ich trage trotzdem so etwas wie eine «volkspädagogische Aufgabe» in mir. Ich habe bei Steiner Antworten und Hinweise auf viele große Daseinsfragen gefunden und versuche, diese breiteren Bevölkerungskreisen in einer innovativen Form zugänglich zu machen. Ich habe dazu mit meinem Freund Johannes Matthiessen Landschaftsparks initiiert. Braucht es solche neuen Formen?

Ich habe entdeckt, dass Gauguin sich mit Theosophie beschäftigt hat und bis zu seinem Tod mit Reinkarnation und höheren Wesenheiten beschäftigt war. Seine Bilder haben einen geistigen Hintergrund. Gabriele Münter war 1907/08 mit Kandinsky in Berlin und hat Vorträge von Steiner im Architektenhaus über Naturwesenheiten gehört. Kandinsky hat nach diesen Vorträgen andere Bilder gemalt, inspiriert durch Steiner. Kandinsky war schwer beeindruckt. Er hat dann auch das Buch über das Geistige in der Kunst verfasst. Gabriele Münter ist nicht so in die Höhen gegangen wie er, aber sie hat das Lebenspraktische der Anthroposophie bis zu ihrem Lebensende geschätzt und hat bis zu ihrem Tod Eurythmie gemacht und möglichst biologisch-dynamische Nahrungsmittel gegessen. Viele Maler vom «Blauen Reiter» haben sich mit Steiners Anthroposophie beschäftigt.

Ich habe 2012/13 den Vorstand des Goetheanums als Berater begleitet und öfters folgende Anregung gemacht: Es gibt «Michaeliten», die sind im Sinne des Auftrags des Erzengels Michael tätig. Sie sind keine Anthroposophen, arbeiten aber zutiefst menschlich innovativ. Albert Schweitzer wäre für mich so einer. Also Menschen, die da und dort wirken und versuchen, auf ihre Art erneuernd zu wirken.

Es wäre wichtig, dass wir Anthroposophen uns öffnen und Kontakt suchen mit den Nicht-Anthroposophen und das anerkennen, was sie tun. Wir sollten nicht versuchen, sie zur Anthroposophie zu bekehren. Sie haben auch den Zeitgeist erfasst und bestimmte Impulse auf ihre Art gesetzt. Es geht darum, dass Anthroposophen immer mehr bei den Michaeliten bekannt werden und dass wir sie schätzen und Interesse für ihre Arbeit haben; aber nicht zu Bekehrungszwecken. In der Landwirtschaft ist es so, dass verschiedentlich ganz konkrete Kooperationen mit den Permakultur-Leuten eingegangen wurden, mit den Biologisch-Organischen und mit anderen, auch wenn sie nicht im umfassendsten Sinne biologisch-dynamisch arbeiteten. Wir haben gemeinsame Anliegen und jeder versucht auf seine Art das Beste. In der pädagogischen Sektion der anthroposophischen Gesellschaft – das habe ich noch in Holland mitangeregt und auch erreicht, dass die Waldorfschulen sich mit den Reformschulen wie Montessori-Schulen zusammentun und voneinander lernen. Auch die Waldorfschulen haben von Montessori gelernt und umgekehrt. Montessori-Schulen und Dalton-Schulen haben zum Teil das Epochenlernsystem übernommen und pädagogische Formen, durch die künstlerische und soziale Kompetenzen entwickelt werden, was es ja so in deren Reformpädagogik nicht gab.

Also auch hier: Wir setzen uns für die Freiheit im Geistesleben ein, zum Beispiel im Bereich Unterricht und Bildungswesen. Wir unterstützen das Anderssein der Montessori und wollen sie nicht uniformiert in unseren Bannkreis ziehen. Das hat funktioniert. Dieses Herauskommen aus dieser sich selbst zum Sektierer machenden Haltung, die in Holland kaum spürbar war, das müsste entwickelt werden!

Ich denke, ehrliches Interesse für verwandte Bewegungen zu haben, ihnen wertschätzend zu begegnen, nicht bloß nach dem Motto «Die kriegen wir schon auch noch in unsere Ecke.», würde viel ermöglichen, um als Kulturfaktor sichtbar zu werden, denn um das geht's eigentlich.

Johannes Matthiessen (1946 – 2015) = ein deutscher Architekt, Pädagoge, freischaffender Künstler und Landschaftsgestalter, der mit Jugendlichen weltweit Projekte realisiert hat. Dabei hat er die kulturellen Besonderheiten einer Region integriert. War ein sehr enger Freund von Günther Karner.

Theosophie = «die Weisheit der Götter» (griechisch). Steiner war bis 1913 Mitglied der theosophischen Gesellschaft. Nach seinem Austritt hat er die Anthroposophie begründet.

Naturwesen = unsichtbare Wesenheiten, die seit Paracelsus den vier Elementen zugeordnet werden. Paracelsus nannte die Geister der Erde Gnome, des Wassers Undinen, der Luft Sylphen und des Feuers Salamander.

Biologisch-dynamische Landwirtschaft = eine besondere Form der Kreislaufwirtschaft: Der Landwirt hält so viele Tiere, wie er mit seinem Land ernähren kann. Deren Mist sorgt für eine hohe Bodenfruchtbarkeit, die beste Lebensmittel hervorbringt. Mit Hilfe von biodynamischen Präparaten ordnet der Erzeuger Naturprozesse. So wird der Hof zu einem Organismus, in dem jedes Organ das andere braucht: Mensch, Pflanze, Tier und Boden wirken zusammen.

Ich versuche, die Geisteswissenschaft mit einem «gesunden» Menschenverstand zu begreifen. Da fließt meine Energie rein. Ich stecke wenig Zeit in geisteswissenschaftliche Übungen, obwohl ich weiß, dass ich damit wichtige Fähigkeiten in mir entwickeln würde …

Du machst das Begreifbare für die Menschen erlebbar über das «Räumliche». Mit deinem Garten, den Parks und Themenwegen. Bei mir geschieht es mehr durch das «Zeitliche».

Mir ist bei Entwicklungsprozessen oder in der Phasenentwicklung oder bei Eskalationen klar geworden, dass es das zeitliche Geschehen ist, wo eine Fehlentwicklung vorliegen kann. Die Frage lautet: «Wie kann die fehlgeleitete Entwicklung – ein Konflikt ist für mich ein nicht gelungener Entwicklungsschritt – wieder neu gegriffen werden? Einfach, wie kommt das wieder zeitlich ins Fließen?»

Ich leite Übungen an, auch im Lehrgang der OE-Werkstatt, bei denen ich empfehle, Metamorphosen zu beobachten. Eine Metamorphose ist ein Prozess des Formenwandels in der Zeit. Wie kriege ich die zeitliche Gestalt mit? Das geht über das Gedankliche hinaus. Damit wird das Gedankliche nicht abgewertet, aber es gibt noch etwas darüber hinaus.

Oder die Karmaübungen: Die sind unterschiedlich schwierig. Der beste Zugang und gerade, wenn du sagst, du legst Wert auf den gesunden Menschenverstand, der beste Zugang sind die Übungen von Steiner aus 1912 (Vorträge in Berlin), die du mit Biographieübungen beginnst: War ich mehr ein Kind, das so war oder war ich so?

Und dann gibt es bei den Karmaübungen eine Wende im methodischen Vorgehen. Da schaue ich mir auch die Dinge an, die ich nicht wollte, die ich abgelehnt habe. Wogegen hatte ich eine Aversion? Das sitzt oft ganz tief. Sei da ganz genau, welche Dinge hast du absolut nicht gewollt?

Das ist wirklich sehr einfach beschrieben und wenn man das einige Male übt, gibt es erstaunlich schnell Erkenntnisse. Nämlich, dass du dann sagst, jetzt nehme ich eine Situation, die ich mir überhaupt nie gewünscht hätte, eine Operation an mir, oder Schicksalsschläge. Wenn du dir ganz exakt vorstellst: «Ich habe mir das alles selbst so organisiert, nach der Logik des Höheren Selbst, die mich in die Situation geleitet hat und fordert mich auf: Mach' etwas draus!»

«Höheres Selbst» oder «Karma» heißt nicht, dass da etwas als «Kismet» unausweichlich vorgezeichnet ist. Du stehst nämlich vor einer Entscheidung, ob du etwas machst oder nicht – und wie du es machst. Dich in die Entscheidungssituation zu führen, das ist Karma. Doch wie du damit umgehst, was du daraus machst, das entscheidest du in Freiheit. Und das schafft neues Karma, weil es auch wiederum Folgen hat. Es ist nicht altes Karma.

Oder wenn es um Strömungen in die Zukunft geht: Welcher gehöre ich an? Wo liegt der von mir selbst gewählte Lebensauftrag? Du kommst zu Erfahrungen, und das sind keine Projektionen oder Phantasiegebilde, sondern wenn du die Übungen ganz genau machst und dann wartest und nicht meinst, das muss ich jetzt interpretieren – lass' nur das Bild in Ruhe in dir und warte, was sich dir dann später offenbart. Das geht so weit, dass du vor dir etwas sehen kannst wie das «Höhere Selbst». Du siehst, dass du durch bestimmte Taten vor 400 Jahren, dass du jetzt versuchst, dafür einen Ausgleich zu schaffen. Du hast dann das Erleben, dass du mit geschlossenen Augen ein Wesen siehst. Du erkennst, das bist eigentlich du oder dein «Höheres Selbst», das dir das inszeniert und organisiert hat. Und du kannst ganz konkret zwischen diesen Wesen unterscheiden. Zum Beispiel: Da sind bis zu 12 Personen zwischen damals und heute. So genau kann man das sehen. Und das heißt, das Ereignis war vor 12 Generationen, weil das Bild einer Person für eine Generation steht.

Das Entscheidende ist nicht, dass du dich als historische Persönlichkeit siehst, aber dass das, was du dir selbst als Auftrag gegeben hast, klar wird. Was ist es, was ich in der aktuellen Situation eigentlich zu lernen habe? Und was ist die zukunftsorientierte Geschichte? Von wo es kommt, ist die eine Seite, aber welche Fähigkeiten oder welche Potenziale ich zu entwickeln habe, die in mir sind, ist die andere Seite.

Karma = das universelle Schicksalsgesetz im Geistig-Seelischen. Jede physische, seelische oder geistige Wirkung eines Menschen, die bewusst oder unbewusst die kosmische Ordnung stört und zu Disharmonie führt, bestimmt Schicksalssituationen im weiteren Verlauf.

Ich bin, was die Anthroposophie anbelangt, ein absoluter Autodidakt. Ich bin weder in eine Waldorfschule gegangen, habe keine Kurse besucht und bin auch kein Mitglied in einer anthroposophischen Vereinigung. Ich bin erst mit rund 30 Jahren bei Trigon auf die Anthroposophie gestoßen und durfte von euch viel lernen. Seit damals beschäftige ich mich mit Steiner. Wenn ich seine Bücher lese, dann ist das für mich, wie wenn ich eine sehr gesunde und köstliche Nahrung verzehre. Wenn ich länger nichts von ihm lese, beginne ich zu hungern. Gleichzeitig merke ich, dass nahezu alle Menschen, die ich näher kenne, überhaupt keinen Hunger nach Geisteswissenschaft verspüren.

Du bist nicht anthroposophisch sozialisiert worden, warst z. B. nicht in der Waldorfschule. Ich war es auch nicht. Ich habe mit einem Freund Ferien gemacht, und da sind wir dem holländischen Mädchen Hannelie ten Siethoff über den Weg gelaufen – meiner späteren Frau. Ich habe dann mit ihr korrespondiert und sie wollte sich damals in Dornach den kompletten Faust von Goethe anschauen. Ich war in einer Amateurtheatergruppe und wir wollten auch den Faust aufführen, modern und mit Rollkragenpullover. Ich komme also nach Dornach. Alles voller Anthroposophen. Der Faust war ein schreckliches Erlebnis. Das war für mich Theatermuseum pur. Die Sprache und und und ...

Ich habe mir kein Blatt vor den Mund genommen, mich kritisch geäußert und auch mit dem Regisseur diskutiert. Das hat sogar unsere Beziehung gefährdet, weil Hannelies Eltern auch dort waren und sie meine vernichtende Kritik an dem ganzen Geschehen mitbekommen haben, worauf sie zu Hannelie sagten: «Lass' die Finger von dem Wiener.» – Ich hatte eine richtige Antihaltung der Anthroposophie gegenüber und erst diese schreckliche Eurythmie ...

Ich habe mit Hannelie dann über sechs Jahre korrespondiert. Dabei hatten wir eine Vereinbarung getroffen: In unserem Briefwechsel darf alles enthalten sein, aber nicht die Anthroposophie. Und als ich dann beim NPI war und immer wieder in Südafrika zu tun hatte, begegnete ich in Südafrika einem Menschen, der damals bei der Aufführung des Faust Regieassistent am Goetheanum gewesen war. Ich sagte zu ihm, dass ich die Aufführung so entsetzlich fand. Er gestand mir, dass es ihm damals genauso ging, aber er konnte sich beim Regisseur überhaupt nicht durchsetzen. Er hat mir völlig recht gegeben, obwohl er damals schon Anthroposoph war.

Als ich mich nach meiner Promotion beim NPI vorstellte, saß da der ganze spätere Kollegenkreis und Bernard Lievegoed. Ich habe denen gesagt: «Ich weiß von meinem Schwager, dem Hellmuth ten Siethoff, dass Sie Anthroposophen sind. Ich bin keiner und ich habe auch nicht vor, einer zu werden. Wenn Sie mich trotzdem annehmen wollen, komme ich gerne, denn Ihre Arbeit interessiert mich sehr.» Sie haben mich genommen.

Waldorfschule = eine Schule, deren Pädagogik auf der anthroposophischen Menschenkunde Rudolf Steiners beruht. Die weltweit erste entstand 1919 auf Anregung von Emil Molt, dem Direktor der Waldorf-Astoria-Fabrik in Stuttgart. Er wollte den Kindern der bei ihm beschäftigten Arbeiter eine ausgezeichnete Bildung zukommen lassen.

Hellmuth J. ten Siethoff (1928 – 2017) = ein anthroposophischer Autor und Sozialkünstler. Er war seit 1963 beim NPI, beriet u. a. den dm-Gründer Götz Werner.

Hannelie und Friedrich Glasl im Garten

Gab es einen Schlüsselmoment, bei dem sich deine Einstellung zur Anthroposophie geändert hat?

Keinen Moment, das war ein Prozess. Die Anthroposophen in Holland waren ganz anders als die, die ich von Österreich kannte. Da war Hannelies anderer Bruder, Rolf ten Siethoff, der Berater für biologisch-dynamische Landwirtschaft war. Er hat mir gezeigt, wie das funktioniert und dass man in der Landwirtschaft viel größere Zusammenhänge sehen kann. Das hat mich einfach sehr angesprochen. Das zweite war natürlich die Arbeit am NPI, die ich als fruchtbar erlebt und wo ich erst nach und nach die Hintergründe erfahren und verstanden und bejaht habe. Dann kamen unsere Kinder in ein Alter, wo sie in Waldorfkindergärten kamen. Das war erst später, aber auch hier habe ich einfach erlebt, wie diese Schule auf die Kinder wirkt. Von 1967 bis 1975 war ich hauptsächlich als OE-Berater für Schulen tätig, nicht nur für Waldorf- aber für Montessori-, Dalton-, Jenaplan-Schulen und für viele katholische Schulen. Da habe ich dann zu schätzen gelernt, was das Besondere der Waldorfpädagogik ist – vom Kopf-Herz-Hand-Verständnis und wo es eben nicht nur um Verkopftes geht.

Und die Bedeutung der Kunst, das war für mich immer schon wichtig. Ich wusste aber nicht, wie ich das mit dem Beruflichen verbinden konnte. Später hat sich das dann ergeben.

Da waren also mehr Begegnungen mit Menschen, die ganz lebenspraktisch aus ihrem anthroposophischen Verständnis arbeiteten und nicht nur über den Hintergrund philosophieren konnten und dann tollpatschig im Leben waren. Innerhalb von zwei Jahren hat sich das für mich so entwickelt, dass es für mich deutlich war, ich fühle mich in der Anthroposophie wirklich zuhause.

Bei bestimmten Themen, die mir wichtig waren, wie z. B der Friedensarbeit, da gab es bei den Anthroposophen nichts. Ich war dann sehr froh, dass ich in anthroposophischen Kreisen auf immer mehr Menschen gestoßen bin, denen die Konfliktarbeit im Mikro- und Meso-Bereich auch wichtig war. Da war Hans von Sassen zum Beispiel, der von Anfang an mein Gesprächspartner für diese Fragen war.

Maria Montessori (1870 – 1952) = eine italienische Ärztin, Reformpädagogin und Philosophin. Sie entwickelte die Montessoripädagogik. Im Vordergrund stehen Freude, Motivation und Eigeninitiative. Es geht darum, das Verantwortungsbewusstsein, die Selbstständigkeit und Eigenverantwortung zu entwickeln und zu fördern.
Daltonplan = der Name der von Helen Parkhurst entwickelten Pädagogik. 1917 konnten Schüler an einer Massachusetts-Schule in ihrem eigenen Tempo autonom arbeiten und ihre Aufgaben so verteilen, wie sie es, basierend auf «Verträgen», die für jede Disziplin existierten, für richtig hielten. Der Lehrer half und kontrollierte die Arbeit.
Jenaplan = ein Schulentwicklungskonzept, das von dem Pädagogen Peter Petersen 1927 begründet wurde. Es geht dabei um selbsttätiges, gemeinschaftliches Zusammenarbeiten und -leben und Mitverantwortung der Schüler- und Elternschaft.

Geisteswissenschaft ist eine enorme Quelle für viele Lebensfragen. Wenn Menschen meinen «Garten der Lebensphasen» besuchen, stellen sie kaum Fragen über das «Vorgeburtliche» oder «Nachtodliche» – also Fragen, die über die Grenzen hinausgehen. Ich bin mir unsicher, ob dies eine Scheu ist, solche Dinge anzusprechen oder ob die Fragen gar nicht da sind?

Oder die Besucher glauben vielleicht, Antworten zu haben, die ihnen ihre Kirche geliefert hat: Fegefeuer, Hölle und Paradies. Die Religionen geben ja eine Antwort auf das Nachher, auf das Vorher weniger. Für den heutigen Menschen kann das nicht schlüssig sein. Aber sie glauben, es wurde ihnen eine Antwort gegeben. Ob sie damit zufrieden sind oder nicht, das ist was anderes.

Ich zitiere gerne die Sterbeforscherin Kübler-Ross, weil sie so eine Direktheit in ihren Vorträgen hat. Sie sagte, ich brauche niemanden zu überzeugen, wie es nach dem Tod ist. Jeder wird es eh erfahren. Aber sie erzählte von Tausenden Nahtoderfahrungen, von Menschen, mit denen sie Gespräche geführt hat. Und sie hat ja selbst auch ein Nahtoderlebnis gehabt. Diese Selbstverständlichkeit, ich brauch niemanden zu überzeugen, es ist Realität, das ist schon etwas Besonderes.

Es gibt wissenschaftliche Belege dafür, dass es mit dem Tod nicht aus und vorbei ist. Und sie stellt dann auch die Frage von Reinkarnation und meint, dass sie da persönliche Hinweise hat. Und das führt natürlich zur Frage: Wenn ich nicht zum ersten Mal auf der Welt bin, wo war ich dann vorher?

Mir ist es wichtig, dass solche Fragen nicht nur von eingefleischten Anthroposophen kommen. Das Umgehen mit dem Tod ist etwas, was einen bis ins hohe Alter beschäftigen kann. Es gibt da spannende Karmaübungen ...

Garten der Lebensphasen/MiraVita = der Garten von Günther Karner in Neumarkt/Steiermark, Österreich. Er orientiert sich an den 7-Jahresperioden. Der Garten ist an bestimmten Tagen geöfnnet und kostenlos zu besichtigen. www.miravita.at
Elisabeth Kübler-Ross (1926 – 2004) = eine schweizerisch-US-amerikanische Psychiaterin. Sie ist eine der Begründer*innen der modernen Sterbeforschung.
Reinkarnation = ein universelles Gesetz, das besagt, dass ein Mensch im Zuge seiner Entwicklung mehrmals aus der geistigen Welt zu physischen Daseinsformen heruntersteigt.

Ich hatte mehrmals spannende Gespräche mit katholischen Priestern zum Thema der Wiedergeburt. Für sie gibt es das nicht.

Das allererste OE-Seminar, das es je in Österreich gab, habe ich im Stift Zwettl mit Otmar Donnenberg durchgeführt, den ich dann zum NPI geholt habe. Er hat das organisiert. Da war ein

Gastpater, der hat uns begrüßt. Und wie er gehört hat, welche Themen ich da behandle, wollte er beim Thema «Konflikte in der Familie» dabei sein. Nachdem er sich das dann angehört hatte, kam er in der nächsten Pause zu uns und sagte: «Darf ich Sie ins Refektorium und nachher zum Kaffee zu den Mönchen einladen? Ich habe mit meinen Brüdern nach dem Frühstück gesprochen und ihnen erzählt, was Sie über Konflikte in der Familie gesagt haben. Konflikte gibt es bei uns unter den Brüdern zum Quadrat, wegen der Nähe der Beziehung usw.» Er war sehr offen und ich hatte ein bewegendes Gespräch mit den Mönchen. Dann hatten wir als Seminargäste eine Führung von einem anderen Pater, auch durch die Bibliothek. Und da sah ich mehrere violette Bücher mit goldener Schrift: Steiner. Ich habe den Pater gefragt: «Aha, Sie haben hier Steiner.» Und er antwortete: «Ja, das habe ich alles gelesen und Reinkarnation, das ist für mich so sicher wie nur irgendwas, und ich lasse mir von keinem Papst verbieten, an Reinkarnation zu glauben.»

Otmar Donnenberg (1940 – 2019) = einer der sieben Co-Gründer der Trigon Entwicklungsberatung. Er hat sich sehr um das Thema «Action Learning» verdient gemacht.

Rudolf Steiner wurde in Europa, in Österreich, in der Steiermark – meiner Heimat – geboren. Europa steht für mich für eine Qualität der Mitte, ebenso Österreich. Was bedeutet dir Europa?

Meine Antworten sind natürlich eurozentriert. Weil ein Amerikaner würde andere Sachen antworten als eben jemand, der in Europa aufgewachsen ist. Mir wurde deutlich, was mir Europa bedeutet, als ich nicht in Europa zu tun hatte. Als ich noch in Holland lebte, hatte ich jedes Jahr für zwei, drei Wochen in Südafrika zu tun. Vier Jahre hintereinander. Bei meinen Aufenthalten habe ich zwischendurch immer wieder Safaris gemacht und mir das Land und die Natur angeschaut. Da hat sich bei mir dann etwas aufgedrängt. Ich habe die Natur in Afrika immer irgendwie unheimlich gefunden. Es hat nichts mit Afrikavorstellungen zu tun, die ich mir etwa als Kind angelesen habe. Mit «unheimlich» meine ich nicht Angst. Ich habe es nicht anders formulieren können als «die Natur ist noch nicht durchchristet». Das habe ich dort ganz stark gespürt – wobei, wenn ich denke, in Holland ist kein Baum naturgewachsen, die wurden alle von Menschen gepflanzt. Es gab da früher keine Wälder. Jetzt gibt es Wälder. Oder es gibt Deichbauten und Schleußen, um Überfluten zu vermeiden. In Österreich haben wir Forst- oder Almbewirtschaftung. Nicht, dass das alles einfach nur Arbeit war, es wurde aus einem gewissen christlichen Menschen- und Weltverständnis heraus gearbeitet.

Christus = ein höchstes Geistwesen, das gemeinsam mit dem Vater und dem heiligen Geist als Urquell der Schöpfung über allen geistigen Hierarchien steht. Laut Rudolf Steiner hat sich Christus drei Jahre lang in Jesus verkörpert. Eine kosmische Tat, die es davor und danach so nicht gegeben hat. Mit dem Kreuzestod hat sich Christus mit der Erde verbunden und ist gemäß Steiner seit damals der Geist der Erde.

Man könnte jetzt auch sagen, unsere Landschaften sind durchkultiviert.

«Die Natur ist nicht so durchchristet.» Diese Formulierung hat sich mir in Afrika aufgedrängt und ich habe mehr darauf geachtet, wieso ich die Natur anders erlebe, ob das jetzt in den Hohen Tauern oder am Neusiedlersee ist. Da wurde sie seit Jahrhunderten bearbeitet, mit einer Achtung und Demut gegenüber der Schöpfung wurde die Natur bearbeitet. Es wurden Wälder gerodet, Landwirtschaft entwickelt. Die Natur im südlichen Afrika ist wild aus sich herausgewachsen.

Ich habe dann in Asien wieder was anderes erlebt: Menschlich gestaltet. Da hat sich das «nicht durchchristet» nicht so aufgedrängt in mir, dieses, wie der menschliche Geist sich mit der Natur gestaltend auseinandersetzt, wie ein Albert Schweitzer aus eigener Kraft dem Urwald diese Spitalbauten für humane Zwecke abgerungen hat. Der war Christ par excellence.

Diese spezielle Hingabe in Demut, Achtung, Liebe und Dankbarkeit der Natur gegenüber, mit diesen Grundgefühlen für Nachhaltigkeit zu gestalten, das war es, was mir bei meinen Aufenthalten außerhalb Europas eigentlich gefehlt hat. Ich hatte Sehnsucht nach Europa. Wenn mich damals jemand gefragt hätte, wo könntest du dir vorstellen zu leben, hätte ich genauso gut in England oder Schweden oder Griechenland agen können, aber eben in Europa. Es gibt zahllose Fehlentwicklungen des Christentums bei uns, das Papsttum mit all' seiner Macht, die Ketzer und Verbrennungen; aber trotzdem hat es da immer auch Menschen mit einem ehrlichen menschlichen Streben gegeben.

Albert Schweitzer (1875 – 1965) = ein deutsch-französischer Arzt, Philosoph, Theologe, Musiker und Pazifist. Gründete als «Urwaldarzt» ein Krankenhaus in Lambaréné im zentralafrikanischen Gabun. Erhielt 1953 den Friedensnobelpreis für das Jahr 1951.

Du sprichst von «Durchchristung». Ich frage mich oft, was ist die Aufgabe Europas in der Welt? Ist es, das Verständnis von «Entwicklung» in Verbindung mit «Christus» zu verbreitern?

Ja, aber da müssen wir wirklich an die eigene Brust klopfen, wie christlich sind wir wirklich? Das ist dann das Absurde, wenn man dann die AfD-Leute hört, wenn Rechtspopulisten sagen, wir wollen Europa vor der Islamisierung schützen. Sie selbst leben aber kein Christentum.

AfD (Alternative für Deutschland) = eine rechtspopulistische, in Teilen rechtsextreme politische Partei in Deutschland.

Manche Kritiker von Steiners Anthroposophie meinen, dass die Anthroposophie mit dem Christentum nichts zu tun hat, sondern ein antiquierter Mix aus asiatischen Glaubensrichtungen ist …

Die Theosophie ist sehr stark indisch geprägt, im Unterschied zur Anthroposophie. Das ist auch oft der Vorwurf von Theologen: Das Anthroposophische kommt aus Indien und Steiner hat dies und das zusammengegrabscht.

Nein, das mit der Anthroposophie ist was anderes. Das ist eben nicht nur ein gestohlenes Begriffssystem aus dem Hinduismus oder Buddhismus, sondern da ist noch etwas anderes passiert. Die meisten Menschen kennen Steiners Darstellungen über das Christentum und den Karmagedanken nicht.

Hinduismus = nach dem Christentum und dem Islam die drittgrößte Weltreligion. Hindus glauben an die göttliche Kraft «Brahman», an die Wiedergeburt und an die Erlösung.
Buddhismus = eine Erfahrungsreligion. Ziel ist die Entwicklung des eigenen Geistes, die «Buddha-Natur» zu erlangen. Es geht nicht um die Verehrung eines allmächtigen Gottes.

Steiner spricht davon, dass man lernen kann, die höheren Welten selbst wahrzunehmen. Ich finde das unglaublich herausfordernd. Ich vermute, es gibt nur wenige Menschen, die die Kraft, die Fähigkeit, die Ausdauer und das Interesse haben, sich dem wirklich zu stellen. Kann die Geisteswissenschaft Steiners je eine breite Bewegung werden? Oder müssen wir nicht eher froh sein, wenn es weiterhin einige Menschen gibt, die sich damit beschäftigen, die Anthroposophie praxiswirksam aufzubereiten, damit sie weiterhin fruchtbar wirkt für die Welt?

Jetzt in der Pandemie gibt es die Frage nach den «Clustern». Sowas gibt es im geistigen Sinn nicht. Ah, da ist einer, der steckt andere an und es gibt eine Verdoppelungsrate. Es muss für jeden etwas sein, wo man sagt, Moment, das ist es, genau die Frage habe ich mir gestellt. Und dann ist es ein Erkennen.

Du hast ja selbst gesagt, dass es dich erstaunt, dass manche Menschen keine Fragen haben. Ich habe das Glück, dass ich Kolleg*innen habe, wo Geisteswissenschaft ein Gesprächsthema und die Anthroposophie eigentlich ganz gut verwurzelt ist.

«Nutze Möglichkeiten in deiner Lebenswelt, um das zu tun, was du kannst. Und gib dich auch mit nicht perfekten Dingen zufrieden.» Das, fand ich immer, ist der Unterschied zwischen Österreichern und Holländern. Als ich aus Österreich wegzog – 1966/67 – erst noch nicht ans NPI, sondern an den Friedenspalast in Den Haag für meine Dissertation, da habe ich die holländischen Anthroposophen kennengelernt. In demselben Jahr wurde in Wien die erste Waldorfschule auf österreichischem Boden gegründet. In Holland gab es schon 25 Waldorfschulen, Therapeutika, drei anthroposophische Verlage und eine Hochschule. In Österreich haben sie nach langen Studierstubendiskussionen viele Jahre für die Initiative Waldorf gebraucht. Das ist der Unterschied, dieses Pragmatische, wo alle ok sagen, wir tun es, soweit wir es verstehen und am Ende des Jahres evaluieren wir und schauen, was wir verbessern können. Aber in Österreich galt, wir fangen nicht an, bevor nicht alles 100-prozentig wasserdicht und durchgedacht ist. Darum kam auch lange Zeit nicht viel Praktisches zustande.

Friedenspalast = ein 1913 fertiggestellter Bau in der niederländischen Stadt Den Haag. Er ist u. a. Sitz des Internationalen Gerichtshofs.

Lievegoed sprach von drei großen Strömungen in der Welt: Die Anthroposophen versuchen, Erkenntnis in die Welt zu bringen (das Wahre), die Rosenkreuzer, die Welt zu veredeln (das Schöne) und die Manichäer, Gutes in der Welt zu tun (das Gute).

Ich konnte mit Lievegoeds Strömen nicht viel anfangen. Es gibt verschiedene Dinge, die für mich wichtiger sind. Wenn der eine aus dieser Ecke kommt und der andere von dort, gilt es, zu Synthesen zu kommen. Es geht darum, dass Menschen zusammenfinden. Für mich ist die Frage nach Herkunfts- und Zielströmen weniger wichtig. Wichtiger sind die Fragen: «Was willst du, wo willst du hin?»

Mein primäres Anliegen war und ist, da, wo Verletzungen, Verwundungen, Trübungen, Gewalt, Diskrimination, Konflikte, Kriege auftreten, heilend zu wirken. Das ist raphaelisch. Michaelisch, raphaelisch, mit dem kann ich viel mehr anfangen und da gibt es noch Uriel und Gabriel. Das ist der Erzengel, der mit dem Mysterium der Geburt, der Aktivität usw. zu tun hat. Uriel, das ist der für die Johannizeit, die Sommersonnenwende, der eigentlich die Schönheit in die Welt bringt.

Für mich ist das Problem, wenn die Geisteswissenschaft zum Erkenntnismäßigen reduziert wird, während die enormen Leistungen von Steiner seine Impulse für die Pädagogik, die Landwirtschaft, die Pharmazie und komplementäre Medizin, für das Geldwesen, für wirtschaftliche und soziale Gestaltungen bis hin zur organischen Architektur übersehen werden.

Dass in der Architektur und Malerei gilt, so muss anthroposophisch gebaut werden, weil man 1920 so gebaut hat, ist ein anderes Kapitel. Übrigens hat sich die anthroposophische Architektur in Skandinavien anders entwickelt. Da findest du reine, klare Formen, organisch und mit gutem Material.

Lievegoed hat oft diese zentralen Suchfragen von Strömungen gehabt. Er hat auch immer wieder neue Ansätze entwickelt:

den Mondenweg und den Saturnweg. Wobei der Mondenweg die Erkenntnisorientierung wäre und der Saturnweg jener, Dinge in die Welt zu setzen.

Christian Rosenkreutz (1378 – 1484) = lt. Rudolf Steiner einer der höchsten christlich Eingeweihten.
Mani (216 – 277) = ein persischer Religionsstifter, der im Orient das Christentum als weitere Entwicklung der Lehre des Zarathustra verbreitete.
Raphael, Uriel, Michael, Gabriel = die Erzengel der Jahreszeiten. Raphael, Frühling/Ostern …
Mondenweg und Saturnweg = Wege zur Ausbildung der Erkenntnisse der höheren Welten. Beim Saturnweg wendet man sich mehr den äußeren Erscheinungen in der Natur zu. Es ist ein Weg, der in besonderer Weise dem Wesen der westlichen Mysterien entspricht. Der Mondenweg entspricht mehr den östlichen Mysterien.

Deine Prognose zur Geisteswissenschaft: Steiner ist schon einige Zeit tot. Wir reden von Entwicklung, was vermutest du, wie sich das Wesen «Geisteswissenschaft» weiterentwickeln wird? Wird es einen Aufschwung geben?

Die Anthroposophen werden immer älter. Es sterben immer mehr und es kommt wenig junges Blut von den Mitgliedern nach. Dadurch kommt auch das Goetheanum in Zahlungsschwierigkeiten. Die bestehende Mitgliederzahl ist durch die Überalterung und durch zu wenig Nachwuchs besorgniserregend, bis auf Italien. Italien wächst mit jungen Leuten oder auch Brasilien. Woran das liegt, hat noch niemand erforscht. Die jetzigen Zeichen schauen nicht gut aus. Aber es gibt immer mehr Menschen, die nach etwas suchen, meinetwegen jetzt mit Mindfulness – Achtsamkeit –, mit buddhistischen oder anderen Formen der Meditation oder mit Yoga. Das sind Suchende, die nicht auf die Geisteswissenschaft gestoßen sind, weil sich diese vielleicht versteckt, zu wenig sichtbar ist, zu wenig erkennbar.

Es gibt gegenläufige Bewegungen: Anthroposophen werden weniger und älter, und andererseits junge Menschen, die schon, wenn sie auf die Welt kommen, so ein gewisses Ahnen haben, es gibt noch etwas anderes als diesen platten Materialismus. Die auch offen sind für innovative Modelle – Inselexperimente. Da ist die Frage, ob es gelingen wird, dass diese suchenden Menschen, die einen Impuls auf die Erde mitbringen, ob sie die Gelegenheit haben, glaubwürdige Anthroposophen zu erleben und einer Anthroposophie zu begegnen, die gelebt wird.

Die alternativen Bewegungen, die auch bestimmte spirituelle Gepflogenheiten verfolgen, wachsen, auch in Organisationen: «Wir haben einmal drei Minuten Stille und dann geht's wieder an die Arbeit.» Es gibt also mehr und mehr Menschen, die in die Richtung etwas suchen und auch finden. Sie finden aber nicht die Geisteswissenschaft der Rudolf Steiner'schen Prägung. Und da ist auch die Frage: Was können wir selbst dazu beitragen?

Goetheanum = ein von Rudolf Steiner entworfener Monumentalbau in der Schweiz, der 1928 eröffnet wurde und heute den Sitz der Allgemeinen Anthroposophischen Gesellschaft und die Freie Hochschule für Geisteswissenschaft beherbergt.

Mindfulness = eine bewusste und gesteigerte Aufmerksamkeit und Achtsamkeit, die sich beim Menschen nach außen oder nach innen richten kann.

Univ.-Prof. Dr. Dr.h.c. Friedrich Glasl, geb. 1941 in Wien als dritter Sohn von Leopold und Katharina Glasl, erlernte erst den Beruf des Schriftsetzers und holte als Werkstudent die Matura (Hochschulreife) nach. Er war einer der ersten zehn Wehrdienstverweigerer aus Gewissensgründen in Österreich und wurde sehr aktiv in der Friedensbewegung des Internationalen Versöhnungsbundes. Wegen seines Engagements für Friedensfragen studierte er Politikwissenschaften und Psychologie an der Universität Wien und promovierte in Internationalen Beziehungen zur Frage, wie neutrale Staaten an den Aktionen zur Kriegsverhütung mitwirken können. Er war während des Studiums und nachher berufstätig in Druckereien und Verlagen, in der Stadtverwaltung Linz an der Donau; als Sekretär des Internationalen Zivildienstes im Rahmen der UNESCO organisierte und leitete er International Volontary Workcamps in Österreich mit dem Ziel, in Zeiten des Kalten Krieges junge Menschen aus Ost und West miteinander gemeinnützige Arbeiten verrichten zu lassen und ins Gespräch zu bringen.

Heirat 1966 mit der Physiotherapeutin Hannelie ten Siethoff in Den Haag und Umzug in die Niederlande. Von 1967 bis 1985 in den Niederlanden als Berater am NPI-Institut für Organisationsentwicklung tätig, mit dem Schwerpunkt in Konfliktforschung, Konfliktmanagement und Mediation und Lehre an Niederländischen Universitäten. Geburt eines Sohnes und zweier Töchter in den Niederlanden. 1983 Habilitation an der Uni Wuppertal (D) mit einer Arbeit über Konfliktmanagement in Organisationen. 1985 Rückkehr nach Österreich mit Wohnsitz in Salzburg und Mitgründer der Trigon Entwicklungsberatung, Graz, als freiberuflicher Organisationsentwicklungs-Berater, Mediator. Er dozierte an Universitäten innerhalb und außerhalb Europas über Organisationsentwicklung und Konfliktmanagement bzw. Mediation.

Verfasste Märchen, Lyrik und Hörspiele, für die er 1966 einen Wettbewerb in Österreich gewann und 1967 den internationalen 3. UNDA-Preis für das religiöse Hörspiel. Betrieb mit seiner Frau und Freundinnen ein Wander-Marionettentheater und schrieb das Libretto für die Kinderoper «Der Zauberspiegel» zu Mozarts 250. Geburtstag, mit Musik von Ludwig Nussbichler.

Er ist Autor von zahlreichen Fachbüchern, Fachartikeln und Lehrfilmen. Zurzeit Visiting Professor an der Staatlichen Universität Tiflis (GE), wo er 2013 mit dem Dr. h.c. geehrt wurde. Er erhielt 2014 den Deutschen Sokrates-Mediationspreis, 2015 den internationalen D.A.CH-Mediationspreis WinWinno, 2017 den internationalen Life Achievement Award.

Dr. Günther Karner, geboren 1961 (Österreich). Studium der Rechtswissenschaften. Postuniversitäre Weiterbildung in Organisationsentwicklung und Mediation bei Friedrich Glasl. Seit 1989 Managementberater. Mitbegründer und Geschäftsführender Gesellschafter der Trigon Entwicklungsberatung, Klagenfurt. Verheiratet, zwei Söhne, lebt in der Steiermark/A.

Zahllose Organisations- und Personalentwicklungsprojekte für namhafte Unternehmen und NPOs. Ein Schwerpunkt dabei: Cross Company-Learning. In der Freizeit Initiator von Landschaftsprojekten wie dem «NaturLesePark», der «Via Natura» oder des «Garten der Lebensphasen» und Autor von Publikationen zum Thema «Lesen im großen Buch der Natur».

Der Garten der Lebensphasen

In meinem kleinen Gartenrefugium dreht sich alles um den Lebenslauf des Menschen und die großen Fragen des Daseins: Woher kommen wir? Wie entwickeln wir uns? Wohin gehen wir?

Im Einführungsraum finden sich erste Hintergrundinformationen zu den «Lebensphasen des Menschen». Durch einen Eingang mit einem eisernen Tor gelangt man in den «vorgeburtlichen Garten». Ein großes Schaubild zeigt die Entwicklung des Embryos. Reicht unser vorgeburtliches Leben noch weiter zurück?

Ein inspirierender Abstecher in die Bibliothek mit über 2.000 Büchern über die Biographie namhafter Persönlichkeiten wartet, bevor es durch den gemauerten Geburtsbogen hinein ins irdische Leben geht.

Entlang farbenfroher Blumenrabatte folgt man zehn Gartenräumen (Lebensphasen), die den Weg des Menschen durch sein Leben symbolisieren. Bevor der «Pfad des Lebens» in den «Paradiesgarten» und in eine neue Dimension mündet, überrascht noch ein mächtiger Schwellenstein.

Nach dem Paradiesgarten wird der Gedanke der «Entwicklung» noch einmal aufgegriffen. Künstlerisch gestaltete Schaubilder zeigen die großen Phasen der Welt- und Kulturentwicklung …

www.miravita.at

1. Auflage 2021

Verlag Freies Geistesleben
Landhausstraße 82, 70190 Stuttgart
www.geistesleben.com

In Zusammenarbeit mit dem Concadora Verlag, Stuttgart.
www.concadora.com

ISBN 978-3-7725-3180-4

Umschlagfoto: Günther Karner
Autorenfotos (Umschlagklappe):
Raimo Rudi Rumpler (l.), privat (r.)
Satz: Thomas Neuerer
Druck: Pustet, Regensburg
Printed in Germany